LA FIN
DU LIBÉRALISME

HERBERT BACKE

LA FIN DU LIBÉRALISME

PAR

HERBERT BACKE

SECRÉTAIRE D'ÉTAT AU MINISTÈRE DU REICH ET DE LA PRUSSE
POUR LE RAVITAILLEMENT ET L'AGRICULTURE,
CHEF DE LA BRANCHE RAVITAILLEMENT AUPRÈS DU MINISTRE
RESPONSABLE DE L'EXÉCUTION DU PLAN DE QUATRE ANS.

Traduit de l'allemand par Bernard WINTER

the Savoisien & Baglis

Tous droit de reproduction réservée
Copyright 1942, by F̲ERNAND S̲ORLOT

BRODARD & TAUPIN
COULOMMIERS-PARIS
(France)
32110-4-1942.

Première édition numérique 26 juillet 2011

the Savoisien & Lenculus

Tous droits de traduction et de reproduction réservés pour tous les pays.

Exegi monumentumære perennius
Un Serviteur Inutile, parmi les autres

S̲CAN, ORC, C̲ORRECTION, M̲ISE EN PAGE
1ᵉʳ Septembre 2019

L̲ENCULUS †(2016) & B̲AGLIS
in memoriam

Tous droits de traduction et de reproduction réservés pour tous les pays.
Pour la Librairie Excommuniée Numérique des C̲Urieux de Lire les U̲Suels

AVANT-PROPOS

Deux traits caractérisent l'économie libérale : son indépendance et son irresponsabilité à l'égard de tous les intérêts nationaux d'un peuple, son oubli des problèmes sociaux et l'indifférence qu'elle leur témoigne.

L'un conduit à la décadence et à la ruine politiques nation qui a ouvert ses portes au libéralisme, l'autre engendre nécessairement le marxisme qui, par le communisme et le bolchevisme, aboutit logiquement au chaos.

Le 30 janvier 1933 le national-socialisme prit le pouvoir en Allemagne. La pénétration de l'esprit national-socialiste dans tous les domaines de la vie du peuple allemand a fait depuis d'énormes progrès. La nouvelle conception du monde s'est imposée victorieusement partout où elle est partie de l'essentiel sans se perdre dans les questions quotidiennes ne faut pas oublier ce secret de la victoire de l'idée nationale socialiste. Il a une valeur toute particulière dans le domaine économique où le danger d'être détourné de l'essentiel par des questions et des succès de tous les jours est particulièrement grand.

Le plan de quatre ans, annoncé par le Führer, a marqué pour notre économie le début d'une réforme de principe, déterminée par la «fin du libéralisme.» Cette fin du libéralisme, qui n'est pas niable non plus dans le domaine économique, et la volonté d'assurer la vie et l'avenir du peuple allemand doivent conduire à l'avènement de l'économie nationale-socialiste profondément désirée par le peuple, c'est-à-dire de l'économie liée au peuple, d'une véritable économie nationale et allemande.

Il me paraît absolument indispensable dans ces conditions :

1. *De faire ressortir les principes qui doivent d'après la conception nationale-socialiste jouer un rôle déterminant dans l'économie, et*
2. *de donner un aperçu général du travail et de l'évolution économique dans la partie de notre économie qui est seule à se trouver depuis 1933 sous une direction purement nationale-socialiste, à savoir le ravitaillement.*
3. *Le ravitaillement peut donc être valablement considéré comme un exemple significatif, mais non pas schématique, de la forme future de notre économie, d'autant plus qu'en 1936, au Congrès des Paysans de Goslar, le maréchal Göring a appelé l'Agriculture : le premier bataillon d'assaut du Plan quadriennal. Tels sont les points de vue qui présidèrent à la publication de ce recueil de discours et d'études de mon Secrétaire d'État Herbert Backe et qui doivent entrer en ligne de compte pour le jugement de ce livre.*

R. Walther Darré,
Ministre du Reich, Führer des Paysans allemands
et dirigeant du Parti national-socialiste.

PREMIÈRE PARTIE

LES PRINCIPES

CHAPITRE PREMIER

LES NOUVEAUX CRITÈRES

Le premier anniversaire du jour où Adolf Hitler prit le pouvoir, ce mémorable 30 janvier, incite chacun de nous à faire un retour en arrière. Tout naturellement nous comparons les résultats obtenus en cette année dans tous les domaines de la politique et de la vie nationales à la situation telle qu'elle était avant le 30 janvier, point le plus bas qu'ait atteint le déclin allemand depuis 1918. Selon le tempérament de l'observateur ou le domaine qu'il considère, ce qui fut accompli paraît magnifique à l'un, un autre reste réticent et scrute les ombres du passé qu'une année de reconstruction n'a pas encore chassées, un troisième ne mesure la révolution que par rapport à sa petite vie personnelle et manifeste des doutes ou de la mauvaise volonté à l'égard des résultats acquis.

On ne peut rendre justice à la révolution par cette façon de voir, qui établit un rapport entre elle et ses répercussions et les quinze années de décadence passées, car cette révolution n'est pas seulement la liquidation des quinze ans qui suivirent le 9 novembre 1918, mais elle est aussi le triomphe d'une évolution séculaire. C'est uniquement en étendant ainsi son champ visuel que l'on peut, en spectateur contemporain et si proche des événements, non seulement regarder derrière soi, mais aussi reconnaître le but à atteindre. C'est à l'échelle du but que l'on doit mesurer le résultat et non au succès remporté sur telle ou telle difficulté du passé, bien que la notion d'une telle victoire sur le « système » (1) soit nécessaire et incite à la poursuite du combat en donnant une force nouvelle.

Le marxisme sous toutes ses formes, la réaction sous toutes ses couleurs ont eux aussi affirmé leur volonté de triompher de l'époque libérale ; ils étaient et ne sont pourtant qu'une dernière conséquence ou un stade intermédiaire et provisoire de l'évolution libérale. Ils représentent l'aboutissement d'un développement, la dernière forme de désagrégation du libéralisme, car ils admettent l'évolution antérieure comme une condition préliminaire, ils sont évolutionnistes.

Le *national-socialisme*, au contraire, est *un commencement* car il nie et combat l'idée libérale qui était à la base de tout cela et lui oppose consciemment une nouvelle conception du monde fondée sur le principe racial. Il tire sa force d'une source nouvelle. C'est pourquoi le relèvement de 1933 fut une révolution, c'est pourquoi le national-socialisme a dû combattre quatorze ans non pas dans l'État comme n'importe quel parti, mais dans le peuple, pour le gagner à cette nouvelle conception du monde. C'est la raison même pour laquelle ce relèvement n'est pas un événement historique passager, mais le début de la rénovation et de la transformation du peuple allemand selon le principe racial.

Si ces faits, déjà connus par eux-mêmes, sont mis en tête de ces considérations, c'est parce que les luttes journalières conduisent à exagérer l'importance du présent, les difficultés nées de telle ou telle mesure de principe — et à ne revenir qu'ensuite à l'essentiel. Il est clair que lors de la relève d'une conception du monde par une autre tous les aspects de la vie d'un peuple sont modifiés, les uns brusquement, les autres progressivement, dans leur essence même ; pour parler comme Nietzsche — il se produit une transmutation de toutes les valeurs.

Est-il étonnant qu'il en résulte pour les particuliers et même pour les groupes des moments de tension ou des heurts ? Les périodes de tension ne sont-elles pas le signe même du bouleversement, de la réorganisation qui s'opèrent sur la base d'une autre conception du monde ?

---

1. — N. d. T. : Dans la terminologie nationale-socialiste, le régime de la République de Weimar.

L'application aisée d'une mesure ne serait-elle pas, au contraire, la preuve même que cette mesure n'est pas née d'une nouvelle conception du monde, qu'elle tient ferme aux vieux principes, aux notions anciennes ?

Il est inévitable que des frottements se produisent aux points de contact de l'ancien et du nouveau système ; ce n'est pas là quelque chose d'imprévu. Nous ne sommes plus à l'époque du libéralisme où l'on ne prenait de décision que pour un jour ou même une heure, afin de répondre aux exigences d'un quelconque groupement d'intérêts ou d'une soi-disant nécessité politique, et où soudain des intérêts imprévus se prétendaient à juste titre lésés et demandaient à leur tour protection, aide et subventions. Le trait caractéristique du libéralisme avec son mot d'ordre « laisser faire, laisser aller » (2), était bien l'absence complète de toute prévision, de toute vue générale et claire du but à atteindre, de tout sens de l'avenir enfin. On n'agissait que pour le présent, l'avenir étant par principe envisagé avec optimisme. On voyait toujours et n'importe où le rayon d'argent d'une conjoncture favorable. Les difficultés qui touchaient les individus ou les professions tout entières étaient considérées avec insouciance, qu'elles fussent secondaires ou capables d'ébranler les fondements de l'État et du peuple. A l'époque de la liberté, de la mobilité, de l'opposition de principe à toute continuité et à tout enracinement, il fallait, en effet, que chacun s'adapte à des conditions d'existence arbitrairement changeantes et modifie sa position en conséquence.

Aucun individu, aucun groupement professionnel ne savait quand se produirait le changement suivant. Par opposition à cette autonomie et à cette mobilité conséquence, on peut le dire, de ce que le libéralisme n'avait pas de conception du monde, — le national-socialisme entre dans la lutte jusqu'ici menée par tous contre tous avec une conception du monde basée sur des principes éternels et des lois vitales. Pour la première fois, le principe de la continuité s'affirme en face de l'actuel principe de la mobilité. Ainsi s'expliquent les difficultés rencontrées. Elles ne peuvent être résolues que par un changement, mais par un changement *dont le but soit absolu et bien déterminé.*

Au lieu d'une manie du changement dans le vide : un seul changement se réalisant progressivement sur la base des lois vitales de notre peuple. C'est pourquoi ce changement peut et doit être exigé malgré l'apparition de difficultés d'ordre individuel. Il peut l'être parce que le devoir politique ne consistera jamais à conserver

---

2. — N.d.T. : En français dans le texte.

les formes nées d'une conception du monde différente dont la révolution nationale-socialiste a pris la place et dont l'existence est sans fondement dans le nouvel État. Il faut l'exiger parce que chaque conception du monde doit tout demander pour elle si elle ne veut pas s'abandonner dès l'heure de sa naissance ; en d'autres termes parce qu'on ne peut laisser des corps étrangers enfoncés dans sa chair sans en souffrir.

C'est là que réside la différence essentielle entre aujourd'hui et hier. Le mot d'ordre « l'intérêt général prime l'intérêt particulier » qui exprime le droit éternel et inaltérable d'un peuple à la vie, justifie la subordination de l'individu et des groupes nationaux au droit de vivre du peuple tout entier, même si des difficultés doivent en résulter.

C'est ici qu'apparaît dans toute sa clarté la contradiction avec le libéralisme : sens de l'avenir, c'est-à-dire prévision et vues générales au lieu de sens du présent.

Les difficultés issues des lois nouvelles ne sont pas imprévues, mais délibérément acceptées dans la mesure où l'on veut faire naître ces lois d'une conception du monde à la fois neuve et immémoriale.

Il est clair aussi que ceux qui attaquent les lois ou les mesures nationales-socialistes ne tiennent jamais compte du peuple, de l'avenir, des nécessités vitales, ne se placent donc jamais au point de vue de ce qui est utile ou dangereux pour le peuple tout entier, mais considèrent simplement la gêne, prétendue ou réelle, dont souffre leur vie personnelle. Nous estimons à leur juste valeur les tensions et les difficultés naturellement provoquées par le choc de la conception du monde nationale-socialiste sur l'absence de conception du monde libérale ; nous reconnaissons parfaitement que la révolution dans les esprits ne peut que suivre, — et ne suivra que petit à petit, — la révolution dans les lois ; nous gardons enfin la volonté bien arrêtée d'éliminer soigneusement les duretés du nouveau système, dans la mesure où cela ne contredit pas essentiellement les dispositions nouvelles. Mais nous affirmons nettement, en face des esprits rebelles à tout enseignement qui malgré quinze ans de lutte nationale-socialiste ne l'ont pas encore compris, que seul subsistera devant l'histoire et la postérité ce qui est utile au peuple conçu comme une unité biologique et totale.

Ces considérations soulignent déjà le point de vue sous lequel les lois de politique et d'économie agraires des derniers six mois doivent être examinées. La formule est en bref : stabilité au lieu d'instabilité, enracinement et continuité au lieu de liberté sans limites et de mobilité commerciale — le sang et le sol au lieu du soi-disant esprit et de l'asphalte — le peuple et la patrie au lieu du cosmopolitisme et de la paneurope.

Notre camarade Darré, dans ses œuvres, a souligné nettement l'importance de la paysannerie comme source de vie d'un peuple. La « Semaine Verte » a pour la première fois exposé cette manière de voir, le film « Sang et Sol » est sa première tentative de découverte des rapports existants entre la paysannerie et le peuple. Ainsi l'idée que la paysannerie est la source d'où jaillit le sang d'un peuple commence-t-elle à s'emparer des esprits jusqu'alors indifférents. Mais si la paysannerie est cette source, tout souci de la situation du peuple doit forcément avoir son point de départ dans la paysannerie. C'est là le sens des mots de notre Führer :

« Le IIIe Reich sera un Reich de paysans, ou il ne sera pas. »

Aucun romantisme du paysan ne s'exprime par là et la paysannerie doit encore moins être considérée comme un « groupement d'intérêts » : être paysan est une réalité sobre et dure qui ne laisse place à aucune rêverie. Etre paysan, ce n'est pas un métier mais un engagement, à l'égard du peuple tout entier, au sens le plus large du mot. Et si l'on objecte que cette véritable paysannerie n'apparaît que çà et là, nous rappellerons le développement du mouvement national-socialiste, la victoire finale que remporta seul son Führer, grâce à sa claire vision de l'essentiel et à son obstination au combat. De même qu'il n'a pas fallu des jours mais bien de longues années de lutte pour que le peuple vienne aux idées hitlériennes, le triomphe de la paysannerie ne sera pas un événement soudain. Mais ceux qui veulent ouvrir les yeux voient comme les sources de la paysannerie jaillissent partout puissantes, comme cet « état » antérieur au capitalisme et opposé par essence au libéralisme, a triomphé et se trouve prêt à remplir la mission que lui a assignée le Führer. Celui qui a vécu le premier congrès des paysans du Reich à Weimar aura pu mesurer l'étendue du triomphe du mouvement paysan et sentir qu'un désir séculaire réclamait l'expression d'une forme matérielle, non pas celles des groupements d'intérêts, — la paysannerie les a, l'an dernier, allègrement jetés par-dessus bord — mais celle de fondement éternel du peuple que lui donne son Führer Adolf Hitler.

La condition préalable de la prospérité future de notre peuple est la préservation de sa source biologique. C'est une paysannerie capable de vivre. Celui qui veut le maintien et l'avenir du peuple, doit vouloir la paysannerie ; mais pour pouvoir la conserver il faut remplir les conditions qui lui permettront de vivre. Quelles sont ces conditions déterminantes ? Ce sont *la stabilité, la continuité, la possibilité de s'enraciner.*

Il faut que l'instabilité fasse place à la stabilité des conditions de vie. Ceci devient très clair si l'on garde présent à l'esprit le fait que le paysan est indissolublement lié à la glèbe. La glèbe — la propriété foncière — est le seul fondement de son existence. Et cette propriété foncière a trois qualités : l'immobilité, l'indestructibilité et l'incapacité de se multiplier. Pour montrer l'importance de ce fait, comparons ce facteur de la production la propriété foncière — à l'autre facteur — le capital.

Les propriétés du capital sont : la mobilité par opposition à l'immobilité de la propriété foncière, la destructibilité par opposition à l'indestructibilité et la possibilité de se multiplier par opposition à l'impossibilité d'étendre indéfiniment le sol. On aperçoit avec netteté dans cette opposition les raisons pour lesquelles le caractère permanent de notre législation agraire s'oppose à la mobilité qui est le caractère fondamental de l'ère de décomposition libérale. Le libéralisme favorisait la mobilité, elle était le principe déterminant vers lequel il tendait consciemment.

Ce n'est donc pas un simple hasard, mais une conséquence logique de l'idée libérale si l'homme-type du libéralisme s'est exprimé dans la forme la plus mobile de l'activité humaine : dans le commerçant, et en fin de compte, dans le commerce de la marchandise la plus libérale : l'argent, donc dans le banquier. Ce commerçant sans attaches était la condition nécessaire de l'équilibre économique libéral comme le parlementarisme instable était celle de l'équilibre politique. Il faisait seul, ou mieux devait faire en sorte que dans le soi-disant libre jeu des forces économiques (le fouet et le morceau de sucre de l'intérêt personnel étant le seul ressort admis de l'activité humaine), l'économie ne se décompose pas en ses parties constitutives. Il était le modèle le plus instable et le plus dépourvu d'attaches de l'activité humaine, et son devoir était justement d'assurer l'équilibre d'une économie instable et tendant à la dissociation en amenant par le jeu de l'offre et de la demande la production et la consommation à se compenser réciproquement. Les variations des prix étaient une des conditions de cette économie instable et que rien ne subordonnait à des fins supérieures. Ce n'est pas non plus l'effet du hasard si le national-socialisme oppose par la bouche de son Führer à ce type mobile du commerçant le type immobile et constant du paysan. « Le IIIe Reich sera un Reich de paysans, ou il ne sera pas. » L'immobilité du sol étant le fondement de la paysannerie, la reconnaissance du fait qu'elle est la source de vie d'un peuple devait logiquement et nécessairement conduire à remplacer le principe de la mobilité par celui de la fixité, et l'individu-type de la mobilité, le commerçant, devait céder la place à l'homme sur lequel repose l'avenir du peuple : *au paysan.*

L'instabilité libérale devait finalement conduire en négligeant la production créatrice de biens économiques et les besoins vitaux de l'homme en tant que consommateur, à ce que les lois nécessaires à la vie d'un peuple cèdent le pas aux principes et à l'intérêt de l'économie. L'économie libérée par l'homme de toute attache devint le « destin. »

Mais l'homme — et non pas seulement le paysan a besoin de la stabilité pour vivre si l'on veut qu'il remplisse ses devoirs envers le peuple et l'État. Il ne peut atteindre sa pleine valeur de membre d'un peuple que s'il fonde une famille, cellule mère du peuple. Il a besoin pour cela de s'enraciner d'une façon ou d'une autre. Pour imposer la primauté de l'homme sur l'économie, il faut un fondement économique stable, indestructible et indépendant des variations de la conjoncture, valable pour l'individu aussi bien que pour le peuple tout entier.

Les lois de politique et d'économie agraires du gouvernement national-socialiste sont placées sous le signe de la relève du libéralisme, du triomphe du principe économique de la continuité sur celui de la mobilité, et de la primauté du paysan sur le commerçant.

La loi fondamentale est celle du 29 septembre 1933, créant la ferme héréditaire. Pourquoi était-elle nécessaire ? — Le principe de la mobilité sans limites devait dans l'économie libérale forcément conduire à rendre meubles les biens immeubles.

Le caractère immobilier du sol fut ainsi modifié dans le sens de la mobilité, par la liberté d'achat des biens fonds d'abord, en attendant que le sol devienne par l'hypothèque une marchandise au caractère parfaitement mobilier. D'ailleurs, en plus du caractère immobilier du sol, sa deuxième propriété — l'inextensibilité — fut aussi détruite par le libéralisme qui, par l'exploitation du monde et la création d'une économie libérale mondiale — un vrai paradis pour le commerçant qui n'est soumis à aucune règle —, accrut le sol cultivable du vieux monde des steppes vierges des pays coloniaux. Nous aurons à revenir là-dessus. Seule sa troisième propriété, l'indestructibilité, ne pouvait être enlevée au sol par le libéralisme et c'est pourquoi la paysannerie a pu résister dans son ensemble aux cent cinquante années d'instabilité libérale.

La possibilité d'engager le sol, empruntée au droit étranger, a fait de lui une valeur d'échange. Que ce soit par le fait de la liquidation successorale avec l'inscription hypothécaire d'usage pour les héritiers cédants, ou des emprunts destinés à la mise en marche des nouvelles exploitations que créent les partages en nature, ou de tous les changements d'entreprises de ces dernières années, l'endettement de la propriété foncière a fait perdre au sol son caractère immobilier. La fixité de la base économique des familles paysannes était détruite, la séparation du sang et du sol accomplie, un premier coup ainsi porté au principe essentiel de la paysannerie. Tous ses malheurs pendant les dernières décades — pendant ces derniers quinze ans, ou à l'époque de Caprivi (3) ou enfin sous Hardenberg — eurent leur cause essentielle et unique dans l'endettement même de la propriété foncière. Ni les mauvaises récoltes, ni les catastrophes naturelles ou les guerres internationales, ni les prix prétendus insuffisants n'ont eu, de très loin, des effets aussi désastreux que l'engagement du sol et l'endettement. Dans tous ces cas le paysan mourait de faim ou était abattu, mais le sol lui restait, à lui et à sa famille, quand bien même il était dévasté et ne rapportait plus que maigrement. La tâche du paysan était la plus dure de toutes, sa vie la moins exigeante, mais son sang restait conservé au peuple, car le sol était immobile et indestructible. En face du titre juridique emprunté au droit judéo-romain, le paysan était par contre désarmé. Son sol devint meuble et lui fut retiré quand bien même il était indestructible et en pleine culture. Ce ne sont pas les prix insuffisants des céréales qui par eux-mêmes poussèrent, à l'époque du chancelier Caprivi, des dizaines de milliers de familles paysannes à quitter leurs fermes

---

3. — N. d. T. : Chancelier d'Empire de 1890 à 1894.

pour servir d'engrais à la colonisation du nouveau monde, et plus tard, pendant la dernière décade, à aller à la ville où elles tombèrent à la charge de la charité publique. Seule l'impossibilité de payer des intérêts exagérés, jamais réduits et même augmentés, avec un revenu diminué par la baisse des prix, est la cause de cet abandon moderne et capitaliste des campagnes.

Si la volonté du national-socialisme était de mettre un terme à cette décadence mortelle de la paysannerie, non pas en évitant provisoirement le pire par une protection contre les saisies, mais en rendant définitivement à la paysannerie la possibilité de vivre, il fallait éliminer radicalement le *caractère mobilier du sol*, né du libéralisme, et la possibilité d'un nouvel endettement de la propriété foncière. Le sol retrouva ainsi sa qualité initiale — l'immobilité — il se dépouilla de son caractère de marchandise et redevint la source inaliénable et incessible du sang. Il ne s'agissait pas d'alléger le fardeau de la dette, comme le prévoyait la loi Hugenberg du 1er juin 1933 sur le règlement des dettes. Elle ne créait qu'un allègement provisoire, un nouvel endettement non seulement restait possible mais se trouvait même encouragé. Il s'agissait beaucoup plus que d'appliquer aux difficultés présentes un remède qui n'était pas une solution, de supprimer pour l'avenir la cause permanente du mal ; en un mot de remplacer l'instabilité libérale, qui avait fait la preuve de sa nocivité pour le paysan et par là pour le peuple, par une organisation nationale stable. La répercussion de ce principe de politique agraire fut sur le plan législatif la loi sur la ferme héréditaire. L'impossibilité d'engager le sol y fut posée en principe et tout nouvel endettement fut interdit, que ce soit à raison d'un partage successoral — c'était le cas le plus fréquent — ou d'un prêt hypothécaire. Le tribunal des successions est à ce sujet seul juge des exceptions recevables.

Les principes essentiels de cette loi sont les suivants :

Le Gouvernement du Reich veut en assurant le respect d'une vieille coutume successorale allemande que la paysannerie reste la source du sang du peuple allemand. Les exploitations rurales doivent être protégées en matière successorale contre l'endettement excessif et le morcellement de manière à ce que, constituant l'héritage familial, elles restent entre les mains de paysans libres. Il faut s'efforcer d'établir une saine répartition des domaines agricoles car un grand nombre de petites et de moyennes exploitations rurales, réparties autant que possible d'une façon égale sur l'ensemble du pays, est la garantie la plus sûre de la santé du peuple et de l'État.

« La possession de terres et de bois d'une superficie suffisante au moins pour assurer la subsistance de leur exploitant et au plus égale à 125 hectares, constitue aux termes de la loi la ferme héréditaire quand une personne capable de travailler la terre en dispose. Le propriétaire de la ferme héréditaire s'appelle paysan (4).

« Ne peut être paysan que celui qui est citoyen allemand, de sang allemand ou apparenté, et de réputation honorable. La ferme héréditaire est transmise intacte à l'héritier principal. Les droits des cohéritiers se limitent au restant de la fortune du paysan. Les descendants appelés à la succession à un autre titre que celui d'héritier principal bénéficient d'une instruction professionnelle et d'un établissement en rapport avec l'importance du bien ; s'ils tombent dans le besoin sans qu'il en soit de leur faute, le droit de se réfugier au foyer leur est garanti. Le droit de succession intégral ne peut être ni exclus ni limité par une disposition testamentaire. Le bien héréditaire est inaliénable et ingrevable. »

La loi sur la ferme héréditaire veut ainsi — il ne faut pas tenir compte des exceptions — donner une assise solide à la paysannerie, d'où la limitation du bien héréditaire à une étendue variant entre ce qui est nécessaire pour assurer la subsistance de l'exploitant et 125 hectares au plus. Toutes les exploitations agricoles à l'intérieur de ces limites sont stabilisées pour l'avenir et ne peuvent être ni morcelées en entreprises incapables de vivre ni dépouillées de leur caractère rural par leur regroupement en grandes propriétés. Cette loi définit ainsi la structure de ces exploitations agricoles. Le premier et le plus essentiel des éléments du maintien de la paysannerie est fixé par la loi.

Il ne reste plus maintenant au point de vue de la politique agraire qu'à transformer dans la mesure du possible et au cours des ans en fermes héréditaires les propriétés trop petites pour nourrir leur homme, de façon à donner à ces exploitations la stabilité nécessaire à leur existence. On y parviendra par des mesures administratives et non par des lois, par exemple par le lotissement des terrains adjacents, par le remembrement ici et là des parcelles trop petites, par l'expropriation. Il reste la question décisive de la formation d'une paysannerie allemande, par le transfert, progressif et réalisé avec énergie, des propriétés surendettées aux mains des paysans, en

---

4. — N.d.T. : Le nom de « Bauer », paysan est réservé aux propriétaires de fermes héréditaires. Les autres propriétaires d'exploitations agricoles, quels qu'ils soient, s'appellent « Landwirt », cultivateur.

particulier de celles de l'Est, des domaines du fisc et autres terres ne servant qu'au placement des capitaux, de manière à réaliser, dans l'Est, la structure paysanne indispensable au point de vue biologique comme au point de vue politique, et identique à celle qui s'est conservée dans les provinces agricoles de l'Ouest et du Sud-Ouest. La suppression de la garantie contre l'exécution forcée et l'affirmation de la nécessité pour les « pays »(5) d'abandonner leurs domaines ont réalisé la condition première de la création de nouvelles fermes héréditaires.

On ajoutera accessoirement que la masse successorale doit être et sera le facteur déterminant de l'établissement de nouveaux paysans, conformément au principe raciste du national-socialisme et que par conséquent la colonisation agricole dans le sens Ouest-Est doit prendre une importance accrue. Cette grande tâche de colonisation, la tâche politique de récréer une paysannerie allemande, a été déjà entreprise par le Führer des Paysans allemands. Le but de toutes ces mesures est toujours de créer de nouvelles fermes héréditaires, bases permanentes d'une saine paysannerie. Il est clair à ce propos que le commerce des biens immobiliers en dehors des fermes héréditaires doit être soumis à une réglementation législative si l'on veut atteindre le but politique désiré. Il faut espérer que dans un temps rapproché cette loi sera promulguée. A la loi sur la ferme héréditaire, sur le plan de la politique agraire, correspondent, sur le plan économique, la loi du 14 septembre 1933, créant la Corporation Nationale de l'Alimentation, et quelques lois complémentaires, comme celles sur le groupement des minotiers, la circulation des produits laitiers et des œufs, etc. Le principe fondamental est ici aussi la stabilité au lieu de l'instabilité libérale.

Nous avons déjà souligné que le trait caractéristique de l'économie libérale est son manque d'attaches et son indépendance. La loi de l'action économique fait de l'intérêt particulier le ressort essentiel. L'économie n'a pas été subordonnée aux lois vitales du peuple, ordonnée selon les nécessités nationales, mais au contraire tout ordre et toute règle dans les rapports entre les besoins et la production ont été niés et celle-ci a été livrée au libre jeu des forces économiques. Le représentant de cette économie instable, non réglementée, sans obligations, donc chaotique — *le*

---

5. — N. d. T. : les États dont la fédération constitue le Reich allemand.

commerçant — en était le facteur décisif, du fait qu'il décidait du prix des marchandises par le jeu de l'offre et de la demande et donnait ensuite à l'économie — cela paraît paradoxal — son élément de stabilité indispensable : le prix. Le prix issu du jeu de l'offre et de la demande réagissait rétroactivement sur la production et la consommation, les équilibrait par ses variations relatives. L'élévation des prix encourageait l'une et étranglait l'autre jusqu'à ce qu'un équilibre momentané s'établisse entre une production accrue et une consommation réduite et joue un rôle déterminant pendant un court laps de temps. Mais comme production et consommation tendent de par leur caractère même à la stabilité, ni l'augmentation de l'une, ni la chute de l'autre n'était arrêtées par leur passage à ce point d'équilibre. Le processus continuait et se répercutait alors dans le jeu de l'offre et de la demande par une baisse des prix. Ce mouvement de pendule des prix avec ses répercussions sur la production et la consommation est caractéristique de l'économie libérale. L'élément d'instabilité prenait la valeur d'un principe. Il est inutile de s'étendre sur les déviations apportées à ce principe d'instabilité foncière par la spéculation, le marché à terme, les ventes à découvert, etc. Il ne s'agit pas ici des excroissances — elles pouvaient être supprimées — mais du fait que le principe par lui-même ne répondait pas à la nécessité de la stabilité et par conséquent contrevenait aux lois vitales du peuple. Il est évident que toute base était ainsi enlevée au calcul, à la continuité de la production et à la satisfaction des besoins indispensables.

La source première de l'inévitable crise mondiale se trouve dans ce soi-disant libre jeu des forces économiques d'où est issue l'économie mondiale dépourvue d'attaches nationales. Le besoin croissant de produits industriels qui suivit l'industrialisation universelle devait, une fois achevée celle des pays coloniaux, jusqu'alors utilisés comme débouchés, aboutir à une crise de surproduction, la consommation décroissant et la production atteignant des chiffres records.

La concurrence qui s'ensuivit sur le marché mondial devait aboutir à la baisse des prix et à la rationalisation, c'est-à-dire à l'économie des forces productives, à des millions de chômeurs. L'équilibre instable entre la production et la consommation était définitivement rompu ; le mécanisme libéral des prix ne fonctionnait plus. La baisse des prix se retourna contre l'ouvrier du fait de la nécessité de diminuer les frais de production. Le marché mondial se réduisit forcément car sa capacité d'absorption ne pouvait égaler celle de l'avant-guerre que pendant la période aujourd'hui dépassée de l'équipement industriel. Sur le domaine des biens de consommation enfin, il se limita en outre par suite de la concurrence des Etats nouvellement industrialisés (Amérique, Russie soviétique, Japon). La conséquence pour l'Allemagne fut la rupture totale de l'équilibre professionnel : plus de 6 millions de chômeurs dans les villes, manque de bras à la campagne, où la politique des prix et de l'intérêt imposait une économie plus poussée encore des forces productives par la rationalisation.

Dans ce *combat de tous contre tous*, dans l'instable économie libérale, il ne servait ni à l'industriel ni à l'ouvrier de vouloir donner l'un par des cartels de prix, l'autre par des salaires tarifés, une base solide à ces perpétuels changements. Il n'était pas possible, en effet, en admettant le principe du libre jeu des forces économiques, de stabiliser partiellement ces variations. Les conventions relatives aux prix furent dépassées par les offres inférieures que provoquaient l'appât du gain ou la misère (offres à vil prix) ; le fardeau du chômage constamment accru par la crise, les impôts, etc., détruisaient l'effet de la stabilisation des prix. La fixation des salaires assurait bien l'existence de l'ouvrier, mais seulement dans la mesure où il trouvait encore à travailler. Il est certain que l'écroulement de l'économie libérale et capitaliste a été plus compliqué que nous ne l'avons figuré. Mais il nous importe seulement de mettre en relief sa cause essentielle, le principe libéral de l'instabilité.

Elle se retrouve aussi dans le domaine agraire ; c'est le mouvement divergent de la production et de la consommation qu'on cherchait à compenser par des prix mondiaux impraticables. Ceux-ci à leur tour détruisaient la puissance d'achat sur les marchés intérieurs et désorganisaient profondément les relations d'échange entre la ville et la campagne. Et dans ce flot d'événements, comme des pôles provisoires et continuellement menacés, les cartels des prix de l'industrie, les conventions sur les salaires, les mesures douanières tendaient à la stabilisation, îlots perdus sans espoir dans le tourbillon des variations et de la chute des prix.

La loi sur la Corporation Nationale de l'Alimentation et ses lois complémentaires mettent un terme à l'instabilité des prix, conséquence du libre jeu des forces économiques. Elles affirment essentiellement dans le domaine agraire, au lieu de la mécanique oscillante des prix du libéralisme, *le principe de prix stables et justes*

au point de vue de l'économie nationale. Il ne s'agit pas ici des solides cartels des prix destinés à assurer des bénéfices et ignorants de la puissance d'achat du consommateur, mais du prix juste au point de vue de l'économie nationale, c'est-à-dire d'un prix qui, une fois déterminées la rémunération du producteur, les marges attribuées à la fabrication et au commerce, reste accessible au consommateur. Un tel établissement de prix stables suppose une réglementation préalable du marché qui doit s'opérer sur une base permanente et sous le contrôle de l'État. Le commerce deviendra alors un facteur utile au point de vue de l'économie nationale, de la répartition des biens, et le danger qu'il représentait sera éliminé. Bien entendu, les bénéfices commerciaux doivent être ramenés à un niveau justifié par la situation économique nationale. C'est justement par l'élévation du prix payé au producteur pour la majorité de ses produits, sans augmentation du prix payé par le consommateur, que l'agriculture a retrouvé des possibilités d'existence. L'exemple du prix des céréales qui a été réduit de près de 1 Rm. par quintal (6) pour le producteur par rapport à l'année précédente montre clairement de quelle façon le point de vue du consommateur a été défendu.

Le mécanisme libéral des prix a été remplacé par le prix taxé et ce prix ne vaut que pour les quantités du produit dont le marché national a besoin, ce qui évite une surproduction qui retomberait à la charge du peuple tout entier et des finances publiques. La responsabilité en cas de surproduction repose donc essentiellement sur le producteur qui court désormais le danger de garder ses excédents, et est ainsi amené à ne produire que ce qui est demandé par le consommateur. Qui connaît la situation du marché des céréales dans ces dernières années et surtout l'année passée, sait quel succès éclatant a obtenu cette réglementation. Jadis, même dans les années ou le bilan annuel s'équilibrait, les prix étaient entraînés à la baisse immédiatement après la moisson par de fortes offres, réelles ou simplement spéculatives, par le jeu de l'offre et de la demande avec ses ventes à terme et à découvert, et par la pression de l'endettement agricole. La chute des prix provoquait de la part des agriculteurs inquiets une augmentation des offres qui amenait de nouvelles catastrophes et de nouveaux effondrements sans qu'aucune nécessité économique l'exigeât. Les spéculateurs jouaient à la baisse et vendaient à découvert avec l'espoir qu'une autre baisse catastrophique des prix leur permettrait de se couvrir plus tard à bon compte. Le seul acheteur de ces quantités de céréales

---

6. — N. d. T. : Il s'agit ici du quintal de 50 kilogrammes.

stupidement jetées sur le marché — qui exige d'être constamment alimenté — était l'État qui devait dépenser des centaines de millions de marks pour soutenir le marché et se trouvait toujours sous la menace de son effondrement. La situation du marché des céréales panifiables pour la dernière récolte — encore aggravée par le fait qu'il s'agissait d'une récolte exceptionnelle — était si catastrophique que l'État aurait probablement été incapable d'intervenir avec succès. Et pourtant n'avons-nous pas, pendant le mois de septembre, retiré du marché des quantités de céréales dix ou vingt fois plus grandes que celles de l'année précédente, alors que déjà à cette époque on était à peine maître de la situation ? C'est uniquement par la taxation et la loi sur le syndicat des minotiers que nous prîmes non seulement le marché en main, mais que nous pûmes garantir avec une absolue certitude les prix taxés. Il est certain que le système de la taxation, surtout dans le cas de l'année dernière où la récolte fut exceptionnelle, est encore grevé de difficultés et de causes de tensions. Les difficultés ne sont pas dues au nouveau principe, mais à l'influence du reste de l'économie qui conserve un caractère libéral.

Le facteur décisif des nouvelles mesures et des nouvelles lois est le remplacement des prix variables qui détruisaient l'économie par des prix fixés, ce qui permet le rétablissement de relations d'échange solides entre les biens particuliers. Il ne faut pas se contenter d'apprécier la portée de ces lois dans le domaine agricole, mais il faut voir en elles le fondement de relations stables avec les salaires et traitements.

C'est seulement par la fixation des prix des produits agricoles indispensables à la vie que peuvent être assurés des salaires constants et *garantie la vie des travailleurs.*

Ici aussi l'instabilité, la mobilité et l'indépendance sont remplacées par la stabilité, la fixité et la responsabilité de l'économie mise au service du peuple. Est-il étonnant que ce principe de la stabilité par l'organisation solide du marché ait des répercussions en politique extérieure ? Le traité de commerce instable, reposant sur la clause de la nation la plus favorisée, peut désormais être remplacé, sans crainte d'un effondrement des prix sur le marché intérieur, par un traité qui tienne compte des aspirations politiques des Etats signataires. Les droits de douane, qui eurent une part décisive dans la responsabilité de notre isolement politique et commercial, perdent ainsi leur rôle jadis déterminant. Jusqu'à présent il nous était impossible de faire une concession à un État important au point de vue de nos exportations industrielles, car les avantages ainsi accordés auraient profité, en vertu de la clause de la nation la plus favorisée, à des Etats sans intérêt pour nos exportations, et les répercussions d'une semblable concession sur le marché agricole se seraient multipliées de telle manière qu'elles eussent été intolérables. Maintenant que l'importation de ces produits agricoles est réglée d'une façon centrale, on peut songer à des règlements particuliers. Si la conclusion d'un traité de commerce avec la Hollande, dont le rôle est si important pour nos exportations industrielles, a été rendue possible, c'est uniquement parce que ce nouveau principe de stabilité et d'ordre dans le domaine intérieur a remplacé par des relations stables les rapports commerciaux instables et tendus jusqu'à l'extrême par la guerre des droits de douane et des contingentements. Pour la première fois depuis qu'existent des traités de commerce, les intérêts de l'agriculture n'ont pas été, comme d'habitude, joués contre ceux de l'industrie d'exportation, mais les intérêts vitaux de chacun de ces groupes ont été mis en balance.

Et ce début prometteur se caractérise aussi par l'affirmation du principe de la stabilité, qui succède à l'instabilité antérieure.

En examinant ce qui précède, on constate que l'objet de cet exposé restreint ne peut être d'épuiser l'ensemble des problèmes. La session du Ier Congrès des Paysans de Weimar, qui s'étendit sur plus de deux journées de travail, a dû traiter ces problèmes en dix conférences et elle renonça même à présenter une grande partie de l'essentiel. Nous conseillons à ceux qui s'intéressent à ces questions de se reporter à la collection des rapports de Weimar dans les « Archives de la Corporation Nationale de l'Alimentation. » Mais il importait de tracer ici les grandes lignes de la législation agraire du national-socialisme. Il s'agissait de faire apparaître au premier plan le principe fondamental, uniforme et caractéristique, qui marque chaque loi d'un trait de feu, et de renoncer délibérément à des rapprochements et des détails moins importants. Il n'a même pas été possible de faire allusion par exemple à la victoire remportée par l'organisation politique agraire sur le chaos de l'organisation ancienne de l'agriculture avec ses centaines de groupements d'intérêts — encore une victoire du principe de la stabilité, continu, uniforme, au service d'un grand but sur le principe libéral et instable, basé uniquement sur des intérêts — victoire qui ne fut possible que grâce aux vues géniales de notre Führer. Elle constitue sans doute, dans le domaine de l'organisation, une réussite grandiose et unique des cadres politiques agricoles et elle a trouvé son couronnement dans la Corporation Nationale de l'Alimentation.

Nous avons voulu montrer que sur le terrain de la politique agraire, pour la première fois dans l'histoire économique, le nouveau principe national-socialiste, ferme et uniforme, *a vaincu le principe de l'économie libérale.* Son but était de donner d'abord au paysan, et aux groupes professionnels qui lui sont étroitement liés et que réunit la Corporation Nationale de l'Alimentation, la continuité et l'ordre dont ils ont besoin pour remplir leurs devoirs vitaux et permanents à l'égard du peuple et de l'État. L'unité de la Corporation Nationale de l'Alimentation et sa direction énergique, conforme au sens du programme de notre parti, garantissent que les réformes législatives entraîneront à leur suite le difficile changement de la mentalité économique. Elles nous assurent même que ce résultat a déjà été très largement atteint. Je suis le dernier à sous-estimer le danger des luttes à venir, des difficultés naissantes, des nombreux désaccords et de l'excès du travail qui s'imposera à la Corporation Nationale de l'Alimentation et à ses chefs. Mais je voudrais, après ces mois de lutte et de labeur, affirmer ceci : aucune question, aucun problème ne sont si difficiles qu'ils ne puissent être résolus en partant de l'essentiel, car les obstacles sont nés du passé, mais ne surgiront pas de l'avenir.

Chaque nouvelle mesure, chaque décision essentielle élimine une foule de difficultés du fait même que leur solution est déjà contenue en puissance dans les créations du national-socialisme. Si aujourd'hui toutes les rigueurs de la situation et toutes les misères ne peuvent être écartées ou si de nouveaux désaccords surgissent du fait du changement fondamental qui s'opère, tout cela, mesuré au but à atteindre, est bien mince. Le rêve libéral qui voulait construire la vie d'un peuple sur une base sujette à des modifications continuelles et arbitraires est dissipé. Cette mobilité et cette indépendance libérales étaient essentiellement opposées à toute vie organique du fait qu'elles en supprimaient la condition nécessaire non seulement sur le terrain politique et économique, mais aussi sur celui de la culture. Le type du courtier juif, mobile et agile à l'extrême, essayait de faire croire au peuple allemand, au mépris des origines raciales de toute culture, que sa mission civilisatrice résidait dans son rôle d'intermédiaire entre l'Est et l'Ouest. Partout le principe de la continuité était décomposé par la mobilité, le mélange et l'abâtardissement.

Par l'enracinement de la paysannerie, nous redonnerons au peuple tout entier une base d'existence stable. Ce n'est pas l'effet du hasard si le national-socialisme a d'abord triomphé sur le terrain de la politique agraire. C'est là que se trouve le fondement sur lequel s'élèvera plus tard l'ensemble de la reconstruction économique et c'est seulement une fois cette base créée que l'achèvement de l'œuvre entière pourra être mené à bien.

(Extrait de *La politique agraire de l'Allemagne*, aujourd'hui *Odal*, VIIIe cahier, 1934.)

CHAPITRE II

LE TRAVAIL ACCOMPLI
AU SERVICE DU PEUPLE

Le national-socialisme se trouva, lors de la prise du pouvoir, en face d'une économie complètement ruinée, la paysannerie se mourait et l'on comptait des millions de chômeurs. Conformément à l'ordre du Führer, on s'attaqua d'abord à ces deux problèmes, considérés comme les plus importants. Les résultats obtenus sont si connus qu'il est inutile de les examiner. La recherche de la solution de ces questions, c'est-à-dire la lutte contre le chômage, rencontra pourtant des difficultés relatives au manque de devises et de matières premières et à l'approvisionnement en nombreux produits alimentaires et en fourrages. Les ennemis du national-socialisme rendent le changement de régime responsable de ces difficultés. Il faut au contraire affirmer avec toute la netteté nécessaire qu'elles n'ont pas été provoquées par le national-socialisme, et ne sont pas conditionnées par lui, mais qu'elles sont les conséquences de l'effondrement du libéralisme mondial et de ses principes économiques, du libre jeu des forces économiques. Pour saisir la portée de cette affirmation, il nous faut rechercher devant quels grands arrière-plans se déroula l'évolution de l'économie mondiale.

Cette évolution s'est traduite au siècle dernier par une puissante révolution industrielle, et l'on appelle la forme qu'elle prit capitalisme au sens étroit du mot. Jadis les peuples et les économies nationales se suffisaient à eux-mêmes, ils s'appuyaient sur leurs propres forces, en premier lieu sur le sol que leur avait assigné Dieu et sur la force de travail des hommes qui y vivaient. Le temps n'est pas encore si éloigné où l'Allemagne, non seulement se nourrissait elle-même, mais s'habillait de laines et de draps allemands. Elle vendait même du blé et de la laine qui constituaient l'essentiel de ses exportations, à l'Angleterre, car ce pays avait déjà atteint un stade plus avancé de la révolution industrielle. Les conséquences de cette révolution industrielle dans un pays, telles qu'elles se produisirent aussi en Allemagne, se dégagent clairement : transfert progressif à la machine des forces économiques du sol et de l'homme. L'homme dénoue progressivement ses liens traditionnels avec le sol et entre avec la machine dans un rapport nouveau qui est certainement un rapport de dépendance spirituelle.

La machine va dominer, le créateur devient le serviteur de sa créature (l'apprenti sorcier ne peut plus chasser les esprits qu'il a invoqués et qui menacent de le détruire). Avec le rapport nouveau entre l'homme et la machine naissent le 0 travailleur » qui sert la machine et l' « entrepreneur » qui en est propriétaire, formes et concepts qui n'existaient pas jusqu'alors. L'idée économique ou le processus de pensées qui étaient liés à cette évolution et qui seuls la rendirent possible, étaient capitalistes. Ce qui veut dire : de même que la machine s'intercala dans la réalité entre le sol et le travailleur, le capital se plaça dans le domaine de la pensée à côté et en fait au-dessus d'eux. Les trois prétendus facteurs de la production de l'économie politique étaient nés : le sol, le travail et le capital — mais le capital était le plus important d'entre eux. Le capital signifiait une transposition de toute la pensée économique, une transformation de toutes les valeurs économiques en sommes d'argent déterminées et qui non seulement restaient fixes par elles-mêmes, quand bien même les valeurs qu'elles recouvraient avaient fondu, mais exigeaient le paiement d'intérêts. Toutes les valeurs économiques furent ainsi transformées en capital générateur d'intérêts, ainsi, que les deux autres facteurs de la production de l'économie politique : le sol et le travail. La force productrice naturelle de l'homme devint la marchandise « travail », dépendant de la loi de l'offre et de la demande qui fixait son prix. Le sol ferme sous nos pieds et sa puissance productrice — la terre et ses richesses — s'exprimèrent eux aussi en sommes d'argent capitalistes et devinrent une marchandise mobile. De cette transformation de toutes les valeurs en capital portant intérêts, naquit pour l'ensemble de l'économie le concept de RENTABILITÉ.

LES PRINCIPES

La rentabilité ou rente est nécessairement fonction du concept de capital. Sans capital, pas de rente et sans rente, pas de capital. La rentabilité est le rapport d'intérêts, fixe, normal et constant des valeurs économiques transformées en sommes d'argent, c'est-à-dire du sol, des bâtiments, de l'outillage, etc.

La rente n'a rien à voir ni avec la capacité naturelle de production, ni même avec le simple excédent d'entrées dans une entreprise, avec le revenu de l'homme. Une entreprise peut peut-être bien nourrir son homme, mais ne pas être rentable au sens capitaliste du mot et dans ce cas elle doit s'écrouler si l'on s'en tient aux règles du jeu capitaliste. La meilleure démonstration en est l'exemple gigantesque de l'agriculture allemande. Personne ne contestera qu'elle assure non seulement sa propre subsistance, mais aussi presque entièrement celle du peuple ; pourtant, selon les lois et les conceptions capitalistes, elle serait tout entière inrentable et aurait dû, par conséquent, s'effondrer ou tout simplement être supprimée. C'est ce qui se serait sans doute produit si l'évolution s'était poursuivie jusqu'à son dernier terme et si auparavant, alors que les choses en étaient déjà venues assez loin, les forces naturelles antagonistes qui prirent forme dans le national-socialisme ne s'étaient mises en branle. Mais en fait — il faut l'affirmer ici — le principe généralement admis de la rentabilité était devenu, par l'introduction du concept capitaliste dans l'économie, le moteur de tout développement capitaliste et, en même temps, le fouet implacable et dur de la révolution industrielle. Il ne faut pas juger la valeur de cette évolution au point de vue de l'histoire, elle a sans doute été historiquement nécessaire. Il s'agit, simplement, de reconnaître et de comprendre ce stade particulier de l'histoire du monde, non comme on l'a fait jusqu'à présent en partant de l'intérieur du système et en se servant des concepts qui lui sont propres, mais en le considérant dans un champ visuel plus large et d'un point de vue plus élevé. Quand on vit une Révolution, on est tenté d'en affirmer la permanence, alors que nous devrions savoir que les révolutions ne sont pas des instants durables de l'histoire mondiale, pas plus que ne le sont l'évolution capitaliste de l'économie et la révolution industrielle.

La conquête du monde par la révolution industrielle fut un événement unique dans l'histoire. Pour réaliser cet exploit en cent ans, à peine, il fallut remplacer le principe économique antérieurement valable par un principe nouveau : celui de la « liberté économique », car la condition préalable de la conquête du monde telle qu'elle se produisit — était que l'homme soit délivré de toutes contraintes d'origine économique, sociale ou nationale, qu'il soit détaché du sang et du sol. Mais le caractère unique de cet événement historique portait en lui-même sa limitation et sa fin. Aussi longtemps que dura cette conquête, le principe du « libre jeu des forces économiques » fut non seulement nécessaire mais obligatoire. Ce processus achevé, le principe économique qui lui servait de fondement perdit aussi son droit à la vie, car il était unique, n'avait qu'un but et qu'un devoir et devait disparaître en même temps que son objet.

Reportons-nous au stade antérieur tel que nous l'avons déjà brièvement décrit. Chaque économie nationale se suffisait à elle-même. Avec l'introduction de la rentabilité sur la base de la liberté économique, cet état d'équilibre fut radicalement détruit ainsi que tous les autres liens, obligations et limitations. Au lieu de la compensation dans le cadre de l'économie nationale, de l'équilibre national de l'économie, s'établit un nouvel équilibre selon le principe de la rentabilité, la recherche d'un accord entre la production à meilleur marché et la vente la plus chère, sans souci des frontières nationales ou de toutes autres contingences. Le concept de l'économie mondiale et supranationale fit éclater l'espace attribué jusqu'alors à chaque peuple. L'individu isolé ne se sentit plus aussi lié au peuple auquel il appartenait par le sang, ni aussi enraciné au sol natal, mais il appartint avant tout à une communauté productrice appelée l'économie mondiale.

L'équilibre entre la production à meilleur marché et la vente la plus rémunératrice possible que supposait le principe de la rentabilité, détermina un mouvement progressif de l'évolution et un déplacement continuel correspondant au progrès de la révolution industrielle.

D'un côté on découvrait sans cesse des possibilités de production nouvelles et à meilleur marché dans un monde ouvert à tous, et de l'autre se développaient des établissements industriels très peuplés et avec eux des débouchés insoupçonnés et toujours plus importants. Le développement plus ou moins rapide de ce mouvement formait, en quelque sorte, les cercles de croissance de l'économie mondiale.

Dans le premier stade de cette évolution les branches de la

production agricole dite extensive débordent les frontières du pays dont l'industrie se développe ; l'accroissement de la population les repousse ; elles émigrent d'une manière identique, mais restent assez proches pour garder le chemin le plus court vers leurs débouchés et se déposent comme un premier anneau autour du pays. C'est ainsi que nous avons abandonné, progressivement, l'élevage du mouton ; la production de la laine fut reprise par les pays environnants. La branche productrice suivante devient alors inrentable, par exemple la culture du lin, et émigre à son tour à la recherche de salaires bas ou de l'économie familiale peu exigeante de l'Est. En même temps la production de la laine est repoussée encore plus loin. Elle doit en effet pour pouvoir rivaliser avec le lin qui est meilleur marché, chercher pour elle des conditions de production moins chères. Le cercle se trouve une nouvelle fois repoussé jusqu'à des terres encore vierges. Le coton, qui menait une existence misérable dans le Moyen-Orient, émigre dans les prairies inconnues de l'Amérique du Nord, ouvre une ère de rivalité décisive avec la laine et le lin et attire en Amérique du Nord des esclaves noirs, contraints eux aussi à une concurrence sévère. Ceci illustre clairement combien les questions nationales et raciales passent au second plan par rapport au simple point de vue de la rentabilité. Pour défendre la rentabilité de la production lainière, les moutons furent finalement refoulés dans les endroits les plus reculés de l'hémisphère austral, en Amérique du Sud, en Afrique du Sud, en Australie.

Les cercles de croissance furent les mêmes pour le blé jusqu'à ce que le blé du Canada ou de la Plata domine enfin le marché mondial. En ce qui concerne les fourrages, l'évolution se poursuivit. Le recul dans l'espace devenu impossible pour les céréales fourragères, on se rabattit sur d'autres produits, depuis la graine de lin argentine jusqu'au fruit oléagineux chinois et au soja mandchou en passant par le palmier oléifère africain.

De cette façon *les économies nationales furent complètement divisées* : les moutons, les bestiaux, les céréales, les plantes fibreuses, les plantes oléagineuses — et finalement aussi les hommes — émigrèrent vers des endroits où la production était à meilleur marché mais qui s'éloignaient toujours plus. Des rapports primitifs et vitaux se rompaient ainsi, toujours en plus grand nombre. La communauté productrice dite « économie mondiale » qui ne pensait qu'en chiffres, n'avait aucune idée de la communauté de vie primitive d'une ferme telle que l'avaient créée des milliers d'années. Brutalement la rentabilité lui enlevait ses éléments les plus importants, les uns après les autres, et ce qui en restait n'en devenait que moins rentable. A tel endroit, il ne restait que la culture des pommes de terre qui demandait des cochons pour ses débouchés ; ailleurs, par contre, l'élevage des cochons subsistait, cherchant à importer un jour des pommes de terre, un autre de l'orge russe, un troisième du maïs argentin. Les communautés de vie primitives ne furent pas seules à être dissoutes, mais leurs éléments eux-mêmes furent divisés. Le lin devint une plante textile en Europe orientale et une graine oléagineuse en Amérique du Sud. Les moutons furent partagés en races à viande et en races à laines et finalement en races à peau.

Le dernier stade de cette expansion circulaire par laquelle se divisait l'économie mondiale fut la dissociation et le déplacement progressif de la production intensive» des produits agricoles de qualité. Autour de l'Allemagne surindustrialisée, s'était formé peu à peu un anneau de pays producteurs de fruits et de légumes : la Hollande, avec son horticulture et ses serres, la Belgique et la France produisant des fruits et des légumes de choix, l'Italie et ses cultures fruitières. A cela s'ajoutait l'élevage et la production laitière puissamment développés au Danemark et en Hollande et plus tard aussi en Finlande. Les corps gras pouvaient bien s'offrir toujours à meilleur marché, le fouet de la rentabilité les chassait plus loin, par-delà le saindoux américain et la noix de coco africaine jusqu'aux baleines que finalement on captura dans les endroits les plus reculés de la terre, dans l'Océan Antarctique.

Il est clair que *l'on était arrivé ainsi aux frontières du monde*. Nous avons montré l'évolution d'une économie mondiale qui, poussée par le principe capitaliste. de la rentabilité fondé sur «le libre jeu des forces économiques», s'étend en cercles de croissance toujours plus grands jusqu'à ce qu'elle ait épuisé toutes les possibilités imaginables, à tel point que si elle continue à se laisser pousser en avant à coups de fouet, elle ne peut plus que voler en éclats. Cette catastrophe de l'économie mondiale, nous l'avons tous vécue ces dernières années. Quand il ne fut plus possible de se réfugier dans une production plus rentable et à plus bas prix, les valeurs furent tout simplement anéanties. Ce fut le dernier mot de la sagesse : restriction des cultures, destruction des produits et élimination de la force de travail sous la forme du chômage. La révolution industrielle s'achevait à la lueur des incendies de stocks de blé et sous le signal de la révolution marxiste.

L'Allemagne, le vieux pays du milieu, sur lequel se croisent toujours les lignes de force de l'histoire mondiale, fut celui qui souffrit le plus de cette évolution et il y puisa cette fois encore la puissance de se renouveler. La catastrophe économique mondiale a laissé derrière elle un champ de décombres fumants que le national-socialisme dut ramasser en accédant au pouvoir. Il aurait fallu rebâtir de fond en comble, mais nous devons pourtant, en cette période de transition, nous aider de tout ce qui est utilisable dans ces décombres.

En présence de tous ces facteurs, il nous faut maintenant et justement dans cette période de transition, comprendre ce fait essentiel : alors que l'évolution capitaliste avec son principe de la liberté économique a fait la culbute, que l'habitude de penser en chiffres et l'idée de la rentabilité se sont heurtées à leurs limites naturelles et ont abouti à une conclusion absurde, la nouvelle évolution qui commence et que nous, nationaux-socialistes, avons le devoir de poursuivre, ne peut avoir d'autre fondement économique que *le retour aux principes naturels de la communauté de vie d'un peuple* ; l'économie nationale doit être basée sur le sol et le travail des hommes qui lui sont attachés, elle doit leur être liée. Mais en échange, il faut tirer par un puissant effort le maximum de ces deux éléments. Tandis que l'économie capitaliste s'étendait dans l'espace — tant qu'il restait de la place — il faut que l'économie nationale-socialiste pénètre jusqu'au fond des forces du sol et du travail humain. C'est le sens du principe national-socialiste du rendement qui prend la place occupée par le principe capitaliste de la rentabilité. Mais c'est aussi le sens de l'économie dépendante par opposition à l'économie libre. Cela signifie pour l'ensemble de l'économie, et tout particulièrement pour l'agriculture, une utilisation croissante de sa puissance de production. Le stimulant économique qui pour le particulier consistait à produire bon marché et à vendre cher, doit à l'avenir se trouver dans l'accroissement maximum de la production. L'augmentation de la production sera notre solution économique.

Résumons clairement ce dont il s'agit : l'économie mondiale a fait faillite ; la division mondiale du travail, construite sur les principes de la liberté économique et de la rentabilité — pays industriels d'une part, pays agricoles et d'importation d'autre part — ne fonctionne plus. D'un côté des millions de chômeurs et le manque de matières premières, de l'autre des matières premières qu'on ne peut exporter, les restrictions de la culture, la destruction des stocks. Il s'agit donc pour nous de réaffirmer les lois vitales de notre peuple foulées aux pieds par cette évolution, il s'agit de ramener dans l'espace allemand ce que cette même évolution lui enleva au point de vue de la production des matières premières et des produits alimentaires, car elle a démontré que le principe de la liberté économique conduit à l'esclavage de notre peuple et que pour garantir sa vie et son avenir, il faut s'écarter d'elle.

Cette augmentation de la production de toute l'économie allemande fait partie d'un bouleversement total de la doctrine économique. Pour faire un retour sur nous-mêmes, nous appuyer sur nos forces propres, il nous fallait détacher à nouveau du capital, libérer de sa domination ces deux éléments fondamentaux de l'économie, le sol et l'homme. La loi sur la ferme héréditaire et celle sur la Corporation Nationale de l'Alimentation, sont les conséquences logiques et nécessaires de cette constatation. La loi sur la ferme héréditaire a affranchi le sol et les hommes qui en vivent de la domination du capital. Ce changement est d'une importance telle qu'il explique d'une part la résistance opposée par tous les représentants de l'ancien système à cette loi et de l'autre le fait que la loi sur la ferme héréditaire est devenue un symbole général. Son principe servira non seulement à l'agriculture, mais à l'ensemble de l'économie, car il est celui de la continuité, de la sécurité par opposition à la mobilité discontinue et à l'indépendance de l'évolution capitaliste issue du principe du libre jeu des forces économiques.

De même que la loi sur la ferme héréditaire essaie d'appliquer à la réalité l'idée fondamentale de sécurité, la loi sur la Corporation Nationale de l'Alimentation symbolise l'idée d'ordre.

La loi sur la ferme héréditaire s'occupe du sol et de l'homme dans ses rapports avec le sol, la loi sur la Corporation Nationale de l'Alimentation concerne l'homme et son travail, le résultat et les fruits de son travail. Nous avons ainsi extrait de l'enchevêtrement et du bouleversement capitalistes tous les facteurs de la production, au sens traditionnel du mot, et nous les avons basés sur un nouveau principe économique, celui de l'économie dépendante.

C'était l'agriculture qui pouvait faire le plus de progrès dans cette voie et montrer le chemin au reste de l'économie puisqu'elle représente par elle-même les bases de la reconstruction économique qui doit suivre la catastrophe de l'économie mondiale : l'homme et le sol, tandis que le reste de l'économie dans sa plus grande partie est encore trop emmêlé à l'économie mondiale pour pouvoir se dégager aussi vite de la confusion. Les milieux industriels en conviennent d'ailleurs entièrement vis-à-vis de l'agriculture : ils reconnaissent que, pour citer les paroles d'autrui : « l'identité d'une production de biens relativement peu nombreux, la simultanéité des offres, l'importance essentielle de la sujétion vis-à-vis du sol, mais aussi la grande dépendance à l'égard du temps et des autres facteurs naturels, non seulement permettent, mais exigent largement un travail de la Corporation Nationale de l'Alimentation qui soit depuis longtemps mûrement réfléchi et préparé. » (*L'Economiste allemand*.)

Il est donc parfaitement logique que nous replacions au cours de notre effort de construction les produits du sol et du travail humain dans une *nouvelle structure économique*, déterminée par le principe de la sécurité et de l'ordre. Les fluctuations hasardeuses du marché capitaliste seront remplacées par la réglementation nationale-socialiste du marché ; l'équilibre fortuit de l'offre et de la demande le sera par l'équilibre voulu des besoins et de leur couverture ; et la soumission presque servile de l'homme et de ses activités à la prétendue légitimité des variations brutales des prix sur toutes les bourses, sera remplacée par le contrôle du marché et de ses fluctuations au moyen de la fixation des prix. C'est là le sens de notre réglementation du marché et de la taxation des prix. La réglementation du marché avec ses prix taxés n'est pourtant pas seulement une protection de la paysannerie d'une part et du consommateur de l'autre, mais ce principe de dépendance économique deviendra aussi la condition préalable d'une augmentation nécessaire de la production agricole allemande.

Rappelons encore une fois l'évolution de l'agriculture allemande au cours de ces dix dernières années. La guerre mondiale a laissé derrière elle une agriculture affaiblie dans ses éléments productifs. Le manque de bras, de chevaux, d'engrais, de fourrages avait enlevé à l'agriculture allemande la possibilité de rétablir, dès la guerre finie, sa capacité de production de manière à pouvoir remplir son devoir national : assurer la subsistance du peuple. D'autre part, l'économie allemande dans son isolement exigeait comme aujourd'hui une augmentation de la production. Dans ces conditions, une propagande en faveur de l'intensification de la production fut organisée par les milieux dirigeants et écoutée par l'agriculture allemande. Des crédits furent accordés et immédiatement imposés.

Le résultat de cette bataille de la production fut une agriculture surendettée et proche de la catastrophe. Et la question se pose de savoir comment il put se faire que l'agriculture qui avait rempli tous ses devoirs vis-à-vis de la nation, placé avant toute chose l'intérêt général, et dans les délais les plus brefs, amené sa production à un niveau estimé auparavant inaccessible, s'effondra en accomplissant son devoir national ? La réponse est très simple : quoiqu'elle rendît service à la collectivité, les conditions qui lui auraient permis de mener cette œuvre à bien n'étaient pas remplies. Le principe de l'économie indépendante, basé dans l'économie mondiale sur la rentabilité, les variations boursières des prix, la spéculation sur les denrées alimentaires, l'importation inutile de produits agricoles que nous tirions en quantités suffisantes de notre sol, tout le jeu capitaliste de la rentabilité détruisait le fondement des prix de la production agricole allemande. Sous l'influence de l'économie mondiale qui s'effondrait déjà, les prix agricoles tombaient d'année en année et en outre pendant chacune d'elles et dans l'espace même de quelques semaines ou jours, variaient si fort que les récoltes exceptionnelles n'étaient plus une récompense pour ceux qui les avaient obtenues par un surcroît d'efforts, mais devenaient au contraire une malédiction en amenant avec elles l'endettement et la vente aux enchères par suite de faillite.

Si nous pouvons, aujourd'hui, dans une situation identique du fait du manque de devises, engager la bataille de la production, c'est seulement parce que grâce au principe de la dépendance de l'économie, grâce à la fixation des prix, l'augmentation de la production obtenue par les dépenses accrues ne peut plus se transformer en catastrophe en raison d'importations faites mal à propos et de spéculations boursières. Le principe *de la dépendance de l'économie* obtenue par la fixation des prix et la nouvelle politique commerciale basée sur la réglementation du marché permettent désormais à l'agriculture allemande de remplir sa tâche en augmentant sa production. Si jadis on pouvait discuter s'il fallait faire de la culture intensive ou extensive, la question est aujourd'hui superflue, nous sommes limités à un sol bien défini. Il est de notre devoir d'en tirer le maximum possible par un surcroît de travail. Le système de la fixation des prix peut seul permettre que cette bénédiction de la nature, une récolte exceptionnelle, en soit une aussi pour le paysan et qu'à un effort accru corresponde un profit accru.

La réglementation du marché se trouve être ainsi la condition nécessaire d'une augmentation de la production. Les principes fondamentaux de sécurité et d'ordre contenus dans la loi sur la ferme héréditaire et dans celle sur la Corporation Nationale de l'Alimentation peuvent seuls mener à la victoire dans cette bataille de la production. Si du côté des idéologues de la soi-disant liberté économique, on nous reproche d'étouffer l'initiative privée et la concurrence naturelle en assujettissant l'économie, nous répondrons, une fois pour toutes, que l'*initiative privée* n'est pas une vertu en soi. Il y a des initiatives privées, celle de l'usurier, par exemple, qui tombent même sous le coup de la loi. Nous n'admettons que la seule initiative privée qui sert le bien général et assure la vie et l'avenir du peuple. Nos explications ont montré que, lors de la conquête du monde, les initiatives privées ne visaient en rien un pareil but. Nous avons vu en outre que l'initiative privée dans l'agriculture allemande d'après-guerre avait abouti à la catastrophe malgré d'importants succès économiques, simplement parce que d'autres initiatives privées, celles des agioteurs par exemple étaient, dans le libre jeu des forces économiques, les plus fortes. Et nous voyons enfin que l'économie dépendante réalisée par nous est exactement la condition nécessaire pour que dans la bataille de la production l'initiative privée du paysan, économiquement indispensable, soit tentée et se fasse jour.

Ainsi la fixation des prix engage chacun vis-à-vis de lui-même et vis-à-vis de la collectivité, à tendre ses forces, à augmenter sa production et son profit, pour cette seule raison qu'une augmentation de la production peut nous assurer à nous tous la liberté de notre nourriture dans notre combat pour l'affirmation de l'Allemagne.

Le paysan doit évidemment être toujours conscient du cadre que la nature lui a fixé. Le retour aux rapports et aux données naturels était bien la condition de la nouvelle évolution après l'effondrement de l'économie mondiale. Cela signifie aussi que nous devons nous efforcer de recréer dans les propriétés paysannes un organisme fermé sur lui-même et formé de rapports vivants. C'est seulement ainsi, par une adaptation rationnelle des forces paysannes les unes aux autres, qu'une augmentation réelle et durable de la production sera rendue possible. La division que nous avons déjà décrite naquit sous l'empire des variations de prix et du principe de la rentabilité et aboutit finalement à la décomposition. La ferme devint une entreprise capitaliste produisant tantôt ceci, tantôt cela selon la situation du marché et la conjoncture. Les rapports primitifs qui furent ainsi rompus doivent être dorénavant rétablis. L'entreprise capitaliste doit redevenir une ferme close sur elle-même, un organisme, de manière à ramener à elle les branches de la production dispersées dans l'économie mondiale. Cela signifie pour l'entreprise isolée qu'elle doit s'efforcer de s'organiser avec le maximum de variété. Plus la ferme comprend de branches productives rendues soigneusement et organiquement interdépendantes, plus elle se referme d'abord sur elle-même, et mieux sa vie est assurée, elle peut obtenir davantage de chacune de ses branches par une augmentation de la production, et elle forme d'autant mieux la cellule primitive d'une économie fermée et solide.

Du point de vue de l'économie nationale il est également nécessaire de ramener progressivement en Allemagne les branches de la production qui émigrèrent dans les secteurs étrangers de l'économie mondiale et cela le plus possible par le passage spontané de chaque élément de l'économie nationale, ferme ou entreprise, à la production de biens jusqu'à présent négligés. C'est autant que possible, en multipliant les aspects de chaque élément que l'on doit arriver à créer une économie fermée et solide. L'ensemble de l'économie ne peut former un organisme que si chacune de ses cellules a déjà une existence organique. C'est là certainement que se trouve le but à atteindre après l'évolution inorganique du passé que seules déterminaient des considérations d'indépendance et de calcul.

Dans la mesure où nous supprimerons le principe capitaliste de la rentabilité et où nous le remplacerons par le *principe national-socialiste de l'augmentation de la production*, nous ramènerons à nous tous les biens que le fouet de la rentabilité avait chassés toujours plus loin au delà de nos frontières, dans l'économie mondiale. Le système inorganique, purement rationnel de l'économie mondiale, se changera par une évolution progressive en une économie nationale organique et aux cercles de croissance que nous avons décrits s'étendant largement vers l'extérieur correspondront les cercles de croissance intérieurs, en profondeur, d'une nouvelle économie nationale.

En conclusion : deux principes économiques règnent en ce moment en Allemagne : le principe hérité de la révolution industrielle et dit de « la liberté économique » — du libre jeu des forces économiques — et le principe de la dépendance de l'économie mis en pratique par la Corporation Nationale de l'Alimentation. L'histoire ne connaît la coexistence de deux principes économiques que dans les périodes transitoires, quand le remplacement d'une conception du monde par une autre provoque dans l'économie des modifications fondamentales. Cependant, la nouvelle conception du monde ayant toujours un caractère totalitaire, comme c'est d'ailleurs son devoir, le principe économique qui en découle tend lui aussi à une application exclusive.

Une question décisive se pose maintenant : celle de savoir lequel de ces deux principes économiques est le bon. Seul le but que propose la conception du monde peut servir à mesurer sa justesse. Ce but est la sécurité de la vie du peuple et de son avenir. Si l'on envisage les choses de cette façon, on constate, dans cette évolution historique, que le principe de la liberté économique ne l'a pas servi. S'il l'avait fait, le national-socialisme ne serait pas apparu et ne se serait certainement pas fixé comme but une chose déjà assurée dans le passé. Non, la nécessité d'exprimer cette exigence prouve que le principe de la liberté économique n'a garanti ni la vie du peuple, ni son avenir.

Ce qui s'explique, car le principe de la liberté économique avait un tout autre but : la conquête du monde. Jamais ce gigantesque processus n'aurait abouti en un siècle à peine, s'il n'avait eu comme instrument l'affranchissement de l'homme de tous ses biens vitaux avec le sang et le sol par le libéralisme. Son but historique atteint, la conquête du monde et la révolution industrielle achevées, le principe de la liberté économique perdait sa condition préalable et par là sa raison d'être. C'est parce que ce principe s'élevait au-dessus des lois vitales des peuples sur la base de la rentabilité, que les exigences tendant à la sécurité de la vie du peuple et de son avenir se firent plus fortes, jusqu'à leur triomphe dans le national-socialisme. Il est évident que la victoire remportée par celui-ci sur le libéralisme ne parle pas en faveur de l'utilisation des principes économiques libéraux pour atteindre le but du national-socialisme : la sécurité du peuple et de son avenir.

On peut se demander si le principe de la mise de l'économie au service du peuple est celui qui servira les desseins du national-socialisme.

Nous laisserons à l'histoire le soin de répondre à cette question. Mais nous pouvons dès aujourd'hui affirmer ceci : là où ce principe est appliqué, dans le secteur agraire, la séparation d'avec le capitalisme, conséquence de la loi sur la ferme héréditaire, et de celle sur la Corporation Nationale de l'Alimentation a assuré l'avenir de la paysannerie. La base est peut-être étroite, mais elle est fondée selon des lois vitales orientées vers le bien du peuple tout entier. De plus, ce principe a créé, au delà du cadre de la paysannerie, des possibilités et des garanties d'existence pour de larges couches de travailleurs. Non seulement parce que l'agriculture elle-même et ce d'une façon durable, a employé et emploie plus de bras, mais parce que sur la base de cette économie au service du peuple, il fut enfin possible de pratiquer une nouvelle politique commerciale permettant d'exporter et, par là, d'assurer le sort des ouvriers qu'elle emploie. Enfin, le système des prix déterminés — des prix fixes — n'est pas une garantie pour le paysan seul mais aussi pour le consommateur, surtout dans la situation actuelle, assez compliquée, du ravitaillement.

Tels sont les résultats de la politique agraire. Ce n'est pas aux résultats seuls que l'on reconnaît si un principe est juste ou non, mais autant et peut-être plus au fait que l'on est à la hauteur des tâches futures, que l'on s'impose à soi-même, par sens de l'avenir, des tâches nouvelles.

Le devoir de la paysannerie allemande est aujourd'hui de produire plus et d'utiliser avec plus de soin sa production. Nous n'avons pu nous imposer ce devoir qu'après que la réglementation du marché eût créé les conditions nécessaires à son accomplissement. Quand même les difficultés devraient s'entasser sur la voie de l'accomplissement de cette tâche, n'oubliez pas ceci : il y a au bout le travail accompli pour le peuple.

(Discours au IIe Congrès des Paysans de Goslar,
17 novembre 1934.)

CHAPITRE III

L'ÉCONOMIE AU SERVICE
DU PEUPLE OPPOSÉE À L'ÉCONOMIE JUIVE

La différence entre les concepts de peuple et d'économie n'est pas aussi vieille que nous pourrions peut-être l'imaginer. Ce n'est que par la division de tous les concepts et la décomposition de tous les rapports à une époque aujourd'hui dépassée que l'on réussit à diviser les deux concepts de peuple et d'économie et même parfois à les opposer. A l'origine ils étaient étroitement unis comme seules peuvent l'être des relations organiques. L'économie est en effet un élément essentiel dans la vie d'un peuple ; le concept d'économie est inclus dans celui de peuple, comme celui de travail est lié à celui d'homme. La façon dont un peuple gère ses richesses, donc la forme de son économie, est soumise aux changements du temps et aux différences de l'espace. Mais ce qui ne change pas dans un peuple, aussi longtemps qu'il n'est pas atteint au point de vue racial, c'est sa position et celle de chacun de ses éléments vis-à-vis de l'économie. Car l'économie est, elle aussi, comme toute autre manifestation de l'existence d'un peuple, déterminée par la race. De même qu'un peuple de paysans, pour prendre cet exemple, ne pratiquera jamais une forme d'économie nomadique et parasitaire parce qu'elle lui est spécifiquement étrangère, inversement toutes les tentatives d'acclimater l'économie paysanne chez un peuple nomade seraient vaines. La position fondamentale d'un peuple ne peut être modifiée aussi longtemps que son sang reste pur.

Aux différences raciales décisives quant à la conception économique d'un peuple s'opposent des différences de formes économiques déterminées par l'espace et le temps.

L'influence de l'espace vital d'un peuple sur la forme de son économie est si nette qu'à peine a-t-elle besoin d'être décrite. Un territoire sans richesses minières par exemple ne peut donner naissance à une industrie minière nationale avec toutes ses répercussions sur l'organisation économique, un pays privé d'accès à la mer ne permet pas qu'un peuple devienne marin, même si il y est disposé héréditairement. Mais ces différences de formes économiques ne sont pas invariables comme la position économique fondamentale d'un peuple, déterminée par la race. Ainsi des pays pauvres en matières premières purent-ils développer une industrie lourde par l'importation ou la conquête de celles-ci.

Les changements historiques à l'intérieur d'un peuple ont influé sur le mode de son économie d'une façon beaucoup plus importante parce que plus durable. Prenons notre étroite communauté occidentale, à l'intérieur de laquelle, il est vrai, subsistent des différences nationales mais dont la composition raciale paraît la plus homogène. Cette communauté était jadis, au Moyen Age, plus étroite qu'aujourd'hui parce que sa composition raciale, c'est-à-dire sa constitution interne, était plus homogène encore. Et jamais il n'y eut d'économie mieux placée au service du peuple qu'alors, mais sur une autre base assurément que nous pouvons l'imaginer aujourd'hui. Le concept médiéval de Dieu, établi par saint Thomas d'Aquin, se trouvait alors au centre de la pensée et de l'action et l'homme n'accédait à son Dieu que par la seule Eglise. Ce principe avait pénétré l'*économie du Moyen Age* dont le trait dominant était sans doute l'équité, ce qui s'exprime clairement dans le juste prix et les autres principes économiques du thomisme.

A cette époque du Moyen Age succède le grand bouleversement spirituel qui trouve son fondement dans la Renaissance et la Réforme et qui, au lieu du concept médiéval de Dieu, place le moi, individu, au centre de la pensée et de l'action. L'homme n'est plus responsable vis-à-vis de l'Église, mais vis-à-vis de sa conscience. Et dans l'économie ce n'est plus l'équité commandée par Dieu qui prédomine, mais simplement l'intérêt particulier dirigé par la conscience et responsable envers elle. Ces rapports entre la conception du monde et l'économie se sont exprimés de la manière la plus frappante dans le calvinisme : c'est par lui que s'est développé ce type d'homme qui voit dans la défense de l'intérêt particulier une idée morale, considère la prospérité économique comme le signe de la bénédiction céleste, et, partant de ce principe, tient une comptabilité en partie double avec le Bon Dieu. C'est là que se trouve l'origine spirituelle de cette évolution que nous avons connue avec le libéralisme et toutes ses conséquences et qui vient seulement d'être remplacée en Allemagne par un nouvel et puissant bouleversement spirituel, par la conception du monde national-socialiste annoncée par Adolf Hitler. Avec elle le moi, l'individu, sont désormais remplacés au centre de la pensée et de l'action par le nous, la communauté nationale, c'est-à-dire raciale. L'homme qui jadis n'était responsable qu'envers l'Eglise, puis envers sa conscience, l'est aujourd'hui en tout premier lieu envers son peuple. Dans l'économie l'intérêt particulier est remplacé comme principe directeur par l'intérêt général et la phrase lapidaire prononcée par Hitler dans son premier discours gouvernemental domine tout : l'économie est au service du peuple.»

Quoique l'idée fondamentale de l'économie ait varié, on ne peut en conclure que les formes économiques antérieures n'étaient pas au service de l'intérêt national.

Il s'agit en effet de savoir si ces formes permettaient au peuple d'exprimer l'idée particulière qu'il se faisait du concept d'« économie.» Aussi longtemps que l'idée médiévale d'économie était utile au peuple, elle se trouvait entièrement à son service. Quand ses formes se figèrent et devinrent des obstacles insurmontables au développement de l'idée allemande de la production, quand elles arrêtèrent l'expansion créatrice, c'est alors seulement qu'elles devinrent étrangères au peuple. De même le libéralisme ne doit pas être considéré en soi comme sans liens avec le peuple. Il a été à l'origine le moyen de briser une force économique, dénationalisée, figée, pour faire place à des forces originales et créatrices. Tant que des circonstances particulières ont permis ce déchaînement de l'individu, et tant que ce déchaînement libéra des forces originales jusqu'alors en sommeil, *le libéralisme primitif a été une nécessité historique*, on pourrait même dire que ça et là, il était au service du peuple. Nous songeons à l'Angleterre, par exemple, qui utilisa le libéralisme pour favoriser toujours plus l'expansion de son peuple. Il est vrai qu'il faut laisser à une étude ultérieure et plus approfondie de ces problèmes, le soin de préciser Si déjà à cette époque, le peuple, tout en voyant s'ouvrir devant lui l'espace nécessaire à son développement, ne fut pas ébranlé dans ses fondements mêmes par cette expansion.

Quoi qu'il en soit, il s'agit uniquement de souligner que l'idée d'économie et les formes économiques se modifient. Ce qui ne change pas dans un peuple et ce qui ne changera jamais — parce que déterminé par la race — c'est son attitude par rapport au concept d'économie, l'idée qu'il a du but de l'économie. « L'économie est au service du peuple. » Aussi longtemps qu'elle y reste, sa forme est liée au peuple. Comme l'économie médiévale dans ses formes figées ne l'étaient plus, elle fut brisée et remplacée par le libéralisme. Puisque celui-ci se tournait de plus en plus contre les lois vitales du peuple, il fut remplacé par le national-socialisme. Le national-socialisme voit le sens de l'économie dans sa mise au service du peuple, car le peuple n'est pas pour lui une population quelconque, mais un tout racial, sa forme économique restera liée au peuple et survivra aux siècles.

Mais pour comprendre pleinement cette affirmation, il faut que nous nous occupions de l'époque dont nous devons aujourd'hui assurer la relève, d'autant plus qu'elle est des plus singulières. Ce puissant développement de l'individu pendant la Renaissance et la Réforme était donc fondé et rendu historiquement nécessaire par la tâche unique, dans l'histoire, de la conquête et de l'équipement du monde. Avec la Renaissance et la Réforme, c'était aussi l'ère des inventions et des découvertes qui commençait. On sait comment ce travail immense s'accomplit, quels profonds changements il apporta au monde et l'ampleur de ses conséquences économiques. Je voudrais montrer maintenant que cette tâche fut réalisée par l'Occident tout entier et que cette communauté d'ouvrage a établi malgré toutes les différences particulières entre les peuples, une espèce de nouvelle communauté supranationale semblable à celle qui, à la même époque, s'exprimait dans l'humanisme, et qui certes, fut plus tard méconnue quant à ses conditions raciales, faussée et exagérée, jusqu'à ce qu'elle se transforme en un internationalisme et un pacifisme étrangers à l'idée de race. L'homme de l'Occident sentit d'abord en lui l'idée de cette grande tâche, elle l'incitait à de grandioses exploits individuels, mais qui n'étaient possibles que par l'affranchissement du « moi » à l'égard de tous liens. L'économie qui s'attaquait à cette tâche devait être libre et affranchie de toute obligation. Pourtant elle resta liée au peuple aussi longtemps que cette attitude correspondit pleinement à l'idée de la communauté occidentale que nous venons de définir. Les progrès décisifs dans le développement de l'humanité sont toujours dus à des exploits individuels ; les noms et les hauts faits des grands hommes de l'Occident se relient naturellement à cette époque de découvertes et d'inventions qu'ils soient Portugais, Italiens, Français, Néerlandais, Anglais, ou Allemands, depuis le constructeur de machines Léonard de Vinci, jusqu'à Werner von Siemens en passant par James Watt.

Malgré cette communauté, les différences entre peuples réapparaissent toujours et influent sur la pensée économique. La conséquence en est que chaque peuple, à l'intérieur de la communauté occidentale, surtout tant qu'elle est maintenue par l'accomplissement de sa tâche, manifeste des «tendances missionnaires», c'est-à-dire cherche à transmettre aux autres peuples de la communauté son idée propre de l'économie et par là à donner en quelque sorte à cette idée une valeur générale. *La théorie économique* naît alors, science particulière à chaque secte, dont chaque école prétend tirer une forme économique, qui, par elle-même, soit valable pour toute l'humanité. Mais ces écoles correspondent toujours à un sentiment national et populaire : le mercantilisme de Colbert et le physiocratisme de Quesnay sont aussi français que le système d'Adam Smith et celui de Manchester sont anglais.

Chaque système s'efforce d'imposer aux autres sa façon de penser et de faire croire ainsi qu'il ne dépend pas des aspirations nationales mais représente une vérité générale, une science objective. De même que le libre-échange était prêché au monde il y a un siècle, la Société des Nations a aujourd'hui ses missionnaires. Il ne faut pas blâmer les Anglais d'avoir employé tous les moyens possibles pour sauvegarder leurs intérêts nationaux, du moment qu'ils ont pensé et agi en peuple. Mais le fait que toute la science d'alors donna dans la théorie anglaise du libre-échange, ne nous incite pas à témoigner beaucoup de respect à la science économique, car nous en arrivons à la situation grotesque que voici : alors que l'Angleterre a, depuis longtemps, abandonné l'idée du libre-échange et que son gouvernement mène la lutte électorale en prônant une indépendance plus grande de l'économie anglaise à l'égard de l'enchevêtrement du commerce mondial, un professeur de Munich, jouissant pourtant d'une haute considération, rédige un manuel d'économie politique qui présente le libre-échangisme comme une doctrine classique et la meilleure de toutes les formes économiques. Ce ne sont pas là des cas particuliers. Ils sortent du cadre de la science et font mûrir des mémoires dans lesquels, au moment même où le Chancelier du Reich expose au Bückeberg (7) le concept d'économie dirigée, on prêche la bible de « la concurrence des prix dans le libre jeu des forces économiques » et de l'« efficacité absolue de la loi de l'offre et de la demande. » Quoi qu'il en soit, et aussi abandonnées et dépassées que de telles idées puissent nous paraître aujourd'hui, les Anglais réussirent voici un siècle à faire

---

7. — N.d.T. : Colline voisine de Minden-sur-Weser où la Fête du Travail est célébrée chaque 1er mai.

admettre d'une manière générale aux autres peuples, sous la variante anglaise du système de Manchester, du libre-échange et de la libre concurrence, une forme économique nouvelle qui donne une place prépondérante à l'individu et à l'intérêt particulier.

La conception calviniste de la vie et de l'économie que nous avons décrite, s'implanta facilement de par sa nature même, chez l'Anglais et surtout chez l'Écossais, et donna naissance au puritanisme dont les adeptes les plus enragés, les pèlerins du « *Mayflower* », partirent pour l'Amérique du Nord et y fondèrent une doctrine économique qui fête aujourd'hui son dernier triomphe dans les sentences de la Cour suprême contre la législation économique et sociale du Président Roosevelt. Un tel développement du capitalisme américain n'a été possible que parce qu'il n'y avait pas encore de peuple américain, une économie au service du peuple ne pouvait donc naître. Des flibustiers et des conquérants venus de tous les pays du monde émigraient alors dans un pays colonial. Ce n'est que de nos jours que put se développer dans la législation sociale quelque chose de semblable à une doctrine économique du service du peuple, oui naturellement entra rapidement en conflit avec les vieilles conceptions libérales.

Nous en arrivons ainsi au phénomène le plus étonnant de l'évolution de l'économie libérale, surtout dans sa forme anglaise, au fait qu'elle rendit possible et favorisa même un *épanouissement croissant du judaïsme* dans l'économie et qu'elle amena en même temps une pénétration progressive de toute la vie économique par l'élément juif, de telle façon qu'on serait tenté, en fin de compte, de mettre sur le même pied la soi-disant économie libérale et l'économie juive, de les réunir sous le nom de forme économique juive.

Le judaïsme, la doctrine économique juive, se trouvent en opposition formelle avec le concept d'économie au service du peuple : ils s'excluent mutuellement. Le judaïsme ne connaît pas d'économie au service du peuple, car s'il est vrai qu'il est un peuple et une race, il ne possède pas d'espace, n'a jamais été enraciné dans un sol et ne pourra jamais l'être. Ici s'opposent le nomade et le paysan, le principe d'une économie nomadique et celui d'une économie au service du peuple, donc liée à la race et au sol, quand même elle a pris parfois une forme plus libre.

Quand l'économie occidentale fut organisée sur la base de

la liberté et de l'intérêt particulier, ce fut dans l'idée d'un certain devoir et essentiellement en vue de son accomplissement. Une fois cette tâche finie, cette forme économique avait atteint son but et les peuples pouvaient passer partout aux formes qui leur paraissaient convenables. Mais l'idée économique nomade incarnée dans le judaïsme signifie au contraire la liberté économique, la recherche du profit par principe et à n'importe quel prix, même à l'encontre des intérêts d'un peuple, pourvu qu'il ne s'agisse pas de ceux du judaïsme. La forme économique libre et affranchie de toute obligation en raison de son but même, se rencontra avec la doctrine du libéralisme par principe. Pendant qu'Adam Smith parlait encore de « la prospérité des Nations », partait donc de l'interdépendance des peuples, le juif David Ricardo intitulait déjà son œuvre principale « Principes d'Économie Politique. » C'est ainsi que le judaïsme fit son entrée dans la pensée scientifique et dans la vie économique des peuples de l'Occident ; il s'efforçait de la même façon de s'assurer la direction spirituelle et les principaux avantages matériels. Il avait reconnu à temps que l'époque lui était favorable, à lui et à sa doctrine, il saisit l'occasion et fit de l'économie libre par dessein et par accident comme celle qui correspondait à la pensée occidentale et en était issue, une économie libre par principe qui devait aller au delà même des intérêts nationaux ; cette économie fit de la communauté occidentale, qui était en partie une communauté de but, et en partie une communauté de race, une communauté mondiale universaliste, l'Internationale sous ses divers aspects : elle fit enfin de l'humanisme issu de la pensée occidentale, un pacifisme vide de sang, destructeur et dirigé en définitive contre les peuples eux-mêmes.

Le fait que le principe économique, de liberté et d'individualisme correspondait dès le début à la pensée juive, ressort des rapports étroits des Calvinistes, Puritains et Piétistes avec l'Ancien Testament, à tel point que l'on pourrait avoir parfois l'impression que l'Ancien Testament jouait chez nos pieux ancêtres un rôle plus important que le Nouveau.

Si l'on s'en rapporte en outre aux autres codes juifs, à la Mischna et au Schulchan-Aruch, — Lombart l'a prouvé par de nombreuses citations —, il devient encore plus clair, que l'économie libéralo-capitaliste correspondait à la Loi et à la pensée juives, et il ressort nettement de ces textes par opposition à ceux des penseurs du Moyen Age, que Dieu veut le libre-échange, la liberté industrielle, qu'il veut la libre concurrence et la libre formation des prix !!!

Le développement de l'économie individualiste qui se trouvait en concordance étroite avec les lois divines de l'économie juive, donna tout d'un coup aux Juifs l'occasion magnifique de participer aux événements et ils en profitèrent ! Il est très caractéristique d'observer comment ils pénétrèrent toujours plus avant dans l'économie libérale, comment ils y occupent un domaine après l'autre, et comment ils cherchent à s'emparer d'une évolution issue de l'esprit occidental, à renchérir sur elle, à la dépasser. L'Occidental voulait certes la liberté du commerce et de l'industrie, mais seulement il y a un siècle et avec cette réserve de pouvoir l'abandonner quand elle ne servirait plus au peuple. Le Dieu judaïque voulait la liberté du commerce, celle de l'industrie, et ... *la liberté de tromper les autres* !

Il la voulait il y a déjà deux ou trois millénaires et la voudra encore dans vingt siècles. David Ricardo l'emporte ainsi sur Adam Smith et le juif Karl Marx l'emporte de la même façon sur l'Anglais Robert Owen et même sur Frédéric Engels qui était quand même de sang allemand.

Nos observations relatives aux doctrinaires de cette époque valent parfaitement pour les hommes qui participent activement à la vie économique. Les grandes tâches proprement dites sont l'œuvre des Occidentaux, mais la plupart du temps, une fois qu'elles sont accomplies, leur utilisation ultérieure se trouve aux mains habiles des Juifs. Aucune œuvre juive, quelle qu'elle soit, ne peut se comparer aux découvertes d'un Daimler, ou d'un Nobel, aux explorations ou aux conquêtes d'un Pizarre ou d'un Cecil Rhodes, aux entreprises industrielles d'un Krupp ou d'un Borsig.

Mais ce qu'on trouve chez les Juifs, dans tous les domaines, c'est ce don vraiment admirable de reprendre, de porter au loin et d'utiliser pour soi les œuvres créatrices des Occidentaux. Prenons une liste des soi-disants grands chefs juifs de l'économie allemande : on y trouve en premier lieu les noms des grandes banques juives qui vivent du commerce de l'argent, puis vient un personnage de la taille de Bethel Henry Strausberg, qui a vécu du commerce des actions des Compagnies de Chemins de Fer, mais qui n'a sûrement pas construit le réseau ferroviaire allemand, ce sont ensuite les familles de gros marchands de fer et de métaux, les familles bien connues qui possèdent des grands magasins, un marchand d'armes, un courtier maritime : nulle part on ne rencontre un personnage qui pourrait témoigner d'une œuvre réellement constructive, mais tous s'affairent dans le commerce et servent d'intermédiaires à l'endroit qui vient de s'avérer le plus riche en possibilités. A l'origine, lorsqu'il n'y avait pas encore de véritable industrie, ils s'occupaient uniquement du commerce de l'argent et du prêt avec un rôle d'ailleurs prédominant. Souvenons-nous des Rothschild pour qui une décision aussi sanglante et aussi décisive que la bataille de Waterloo, ne représentait que l'occasion d'une immense spéculation. Mais avec le développement progressif de l'industrie en Europe, le Juif apparaît immédiatement dans chaque branche comme intermédiaire et comme commerçant, pour essayer, en partant de cette position intermédiaire, souvent position-clé, de tirer à lui l'industrie elle-même. Remarquons-le bien, il s'agit toujours de l'influence à exercer sur une branche de l'industrie, du contrôle d'une profession, jamais le Juif n'est tenté d'exercer lui-même un métier ou de diriger une entreprise. Avec la découverte des mines de charbon apparurent les marchands, de charbon en gros juifs qui réussirent finalement, par le moyen de l'action, à s'assurer le contrôle de cartels miniers tout entiers. Avec l'organisation de la grande industrie se développa le commerce du fer et des métaux, dans lequel le Juif joua aussi bientôt un rôle prédominant,

Qui sait ce qui serait advenu de nos chemins de fer, si Bismarck ne les avait étatisés ! Et lorsqu'avec l'industrialisation croissante de l'Europe, les masses se concentrèrent de plus en plus à certains endroits, les Juifs surent exploiter ce fait regrettable en soi, en utilisant l'idée du grand magasin et en édifiant des cartels commerciaux. Partant du monopole de la vente à la grande masse des consommateurs, ils contrôlèrent d'abord tous les achats en gros, et au cours d'une évolution ultérieure étendirent leur influence jusqu'aux plus petites fabriques qui dépendaient évidemment de leurs ventes aux consortiums de grands magasins. Le Juif sut ainsi exploiter toujours plus une évolution économique qui lui était favorable, jusqu'à ce qu'il arrive pratiquement à une *domination étendue de l'économie*, sans pouvoir fonder cette prétention à la puissance sur une seule œuvre productrice. Il basait sa domination sur le seul contrôle du marché de l'argent, sur sa position-clé de commerçant et d'intermédiaire et sur sa puissance de client le plus important des industries de produits de consommation.

A cette évolution économique, à celle déjà décrite auparavant, s'ajoute une évolution sociale. La transformation en doctrine du libéralisme, considéré comme le seul principe économique toujours valable, a déjà été exposée. On crut d'abord sérieusement à la justesse de cette doctrine, à l'harmonie économique, résultat des luttes individuelles. On crut, après avoir vécu les grandioses exploits économiques qui accompagnèrent la conquête du monde, à la loi automatique de la victoire du plus apte. Au début les conséquences fâcheuses de l'affranchissement de l'intérêt particulier n'apparurent pas clairement à chaque peuple. De terribles crises économiques se produisirent pourtant dont eut à souffrir en premier lieu le quatrième « état », comme on disait, qui venait de naître. Pourtant l'industrialisation n'avait pas atteint le stade d'urbanisation où elle est aujourd'hui. Des possibilités d'existence se trouvaient encore, non seulement à l'intérieur des États grâce à l'essor industriel, mais surtout à l'étranger pour les émigrants.

Les conséquences de l'affranchissement du « moi » se firent jour dès le milieu du siècle dernier. L'organisme que constituait le peuple se décomposa en « moi » particuliers, il s'atomisa ; un conglomérat formé par le hasard, d'individus prétendus identiques et soumis à leur seul intérêt particulier, remplaça le peuple. Le peuple devint population. L'organisation des classes se disloqua, car le « moi » individuel exigeait une liberté illimitée. Tout cela ne dérangea pas ceux qui accédèrent aux bonnes places lors de cette décomposition. Mais l'armée de ceux à qui le destin refusait cette chance ne cessa de s'accroître. L'extension de l'économie industrielle exigeait leur sacrifice et l'économie libérale et individuelle passait sur eux, brutalement. Cela n'empêcha pas des hommes tôt conscients de leurs responsabilités, de réfléchir dans tous les pays, à la façon dont l'on pouvait améliorer le sort des travailleurs. La question sociale naquit. Elle ne fut d'abord envisagée et on ne chercha à lui donner de solution que dans le cadre de la nation. Nous avons déjà cité Robert Owen et nous rappelons le mouvement chartiste qui était aussi anglais que les Saint-Simoniens étaient Français ; en Allemagne, le juif Lassale lui-même ne voyait de solution de la question ouvrière que nationale.

Pourtant ces tentatives de réforme échouèrent, car toutes les articulations qui rattachaient organiquement l'individu à l'ensemble du peuple étaient brisées. L'homme était isolé. Tous les liens étaient rompus. Sur cette base naquit alors avec l'aide juive le concept de classe. L'affranchissement du « moi » avait isolé l'individu ; ce fut d'abord l'inférieur au point de vue économique qui ressentit cette solitude et c'est dans la vie économique qu'il la ressentit le plus fort. Le juif Marx rassembla ainsi ces individus dépouillés de leurs droits en leur fournissant le concept de classe, inorganique et destructeur du peuple. Au lieu de revenir au « nous », au peuple, on rassembla des millions d'hommes en *une classe pour les dresser contre leur propre peuple*.

Le libéralisme, le déchaînement de l'intérêt particulier, devinrent ainsi les avant-coureurs du marxisme ; il ne pouvait en être autrement le jour où le « moi » libéré ne trouva plus de possibilités d'existence dans le vaste monde et devint une malédiction pour des couches toujours plus grandes du peuple.

Ce fut la solution juive de la question sociale, la solution typique d'une race dont l'existence de parasite ne pouvait que souffrir du rétablissement de la notion de peuple. Le Juif se fit ainsi gérant des intérêts de la « classe laborieuse », de même qu'il s'assura le droit de fournir ces masses en marchandises dans ses grands magasins. Et comme, petit à petit, il devenait ce gérant des intérêts de la classe laborieuse dans tous les pays, il arriva à transmettre ce caractère d'universalité aux travailleurs eux-mêmes : la solidarité des classes par-dessus toutes les frontières, par-dessus le sang, celle des prolétaires de tous les pays, l'Internationale marxiste naissait. Elle se joignit à l'internationale de l'esprit juif en général, à l'internationale de l'argent et du commerce et compléta si bien le système de la domination du monde par les Juifs, né sur le terrain favorable de l'économie libérale et individualiste, que l'on peut enfin appeler juive cette économie quoiqu'elle soit issue de l'esprit occidental.

Entre-temps, le développement économique avait continué de progresser, les choses avaient suivi partout le cours qui correspondait à leur logique interne. Rappelons ce qu'était la tâche d'alors : la conquête et l'équipement du monde, un devoir pour l'accomplissement duquel, une puissance fougueuse et la liberté étaient nécessaires à l'individu. Mais cette évolution est aujourd'hui arrivée à un point où l'expansion impétueuse et libre de cette force ne paraît plus convenir, où elle risque même de devenir nuisible à l'avenir, car il ne reste plus grand chose à équiper et à conquérir. L'équipement technique encore nécessaire, chacun préfère le réaliser soi-même en ce qui le concerne. Une époque de réflexion commence, comme cela n'est que trop naturel, après l'ivresse de liberté sans limites du siècle passé, une époque de réflexion sur soi-même et sur les travaux accomplis. Le monde est conquis, il s'agit maintenant d'y mettre de l'ordre. Ainsi chaque peuple recommence à porter son attention sur lui-même, il se retrouve et découvre ses vrais besoins intérieurs, sans abandonner certes les résultats acquis jusqu'alors. L'empire britannique continue d'exister, même si le gouvernement national s'efforce d'accroître l'indépendance économique de la métropole vis-à-vis du marché mondial. Il est un pays où cette évolution nouvelle qui s'amorce dans le monde entier mais n'avance parfois qu'à tâtons, a déjà triomphé parce que ce pays a eu la grâce de trouver un homme qui mène à bonne fin cette transformation. En Allemagne est né *le vrai socialisme*, l'intégration de l'individu dans la communauté populaire, et cela ne signifie rien d'autre dans le domaine économique que la mise de l'économie au service du peuple, un socialisme destiné à remplacer dans chaque pays et pour chaque peuple à sa manière, l'économie libérale et individualiste. Le moment de cette relève est venu, répétons-le, parce que l'économie libérale a accompli sa tâche, parce qu'elle est arrivée à sa fin en vertu d'une évolution interne naturelle. La façon dont chaque peuple exécutera cette relève, la constitution économique qu'il se donnera ne regardent que lui. Le national-socialisme ne demande pas à convertir le monde comme le font d'autres constructions idéologiques. Il ne voudrait pas recommencer à faire dans le monde entier l'exportation d'un Adam Smith, sous prétexte de présenter comme un principe certain et universel ce qui correspond au bien de notre peuple. Non, le sens profond d'une économie au service du peuple est bien d'exprimer sous une forme économique ce qui est propre à chaque peuple. Comme les peuples sont différents, même quand ils ont entre eux des liens de parenté, les formes économiques adoptées seront différentes. Constatons simplement qu'un grand trait commun réunit tous les peuples et qu'il devra marquer toutes les constitutions économiques à venir : les peuples pensent national et ils commencent à penser socialiste.

Le judaïsme se trouve en contradiction complète avec cette évolution. Il se demande avec inquiétude si la forme économique libérale qui lui est propre subsistera, même dégénérée et figée comme nous l'avons connue, car sa situation en dépend. Le judaïsme lui-même dans toute sa formation, dans ses idées est figé, et ne peut plus modifier sa façon de penser, ni évoluer en tant que peuple car il n'a pas de racines dans le sol. Le mot amer du juif Henri Heine sur le cadavre puant que les peuples traînent avec eux depuis des millénaires, symbolise cette contradiction entre l'engourdissement mortel du judaïsme et l'évolution vivante des autres peuples. Ceci vaut aussi pour l'économie libérale qui n'est plus défendue que par le judaïsme. Quand aujourd'hui, alors que l'histoire a poursuivi sa route d'airain, l'économie libérale, la liberté du commerce et de l'industrie et des prix, trouvent encore des défenseurs, cela nous paraît un anachronisme. Une économie nationale qui comme la nôtre, a atteint un si haut point de développement technique et tourne à un si grand nombre de tours, ne nous paraît pas possible sans obligations et sans réglementation. Aussi longtemps que l'on a conscience de travailler pour le peuple, aussi longtemps par conséquent que l'économie est au service du peuple, les obligations s'imposent spontanément. C'est le cas des interventions, que l'individualiste isolé ressenti peut-être comme une irruption violente dans son sacro-saint domaine privé, mais qui sont pourtant nécessaires si le peuple, considéré comme un tout, veut vivre. Mais pour celui qui place la liberté économique au-dessus de la prospérité du peuple, l'économie n'est pas au service du peuple, pour lui l'économie représente un absolu devant lequel le peuple doit, lui aussi, s'incliner. Cette économie est étrangère au peuple, comme elle le fut réellement en Allemagne avant la révolution nationale-socialiste, comme elle s'exprime aujourd'hui sous sa forme la plus pure, dans le bolchevisme.

De même que le libéralisme renie la paternité spirituelle du marxisme occidental, — il en est pourtant l'ancêtre direct — ces deux idéologies refusent d'admettre qu'elles ont donné naissance au bolchevisme. Le bolchevisme est cependant leur enfant légitime, la dernière conséquence de l'affranchissement du moi individuel, commencé par le libéralisme. Si le marxisme se nourrit en Europe occidentale des dernières forces de l'ancienne substance populaire dans la mesure où elle n'a pas encore été anéantie, le peuple n'est même plus présent dans le bolchevisme. Il a été sciemment détruit par le fer et par le feu, comme un principe hostile, comme un soi-disant préjugé bourgeois. Dans le nom même d' « Union des républiques socialistes et soviétiques » tout souvenir du peuple est éteint. Comme il n'y a plus d'organisme « peuple », l'économie a perdu son sens, le service du peuple, et devient fin en soi. Elle n'est un moyen que dans la mesure où elle peut servir d'outil à la révolution mondiale. Ce n'est pas un hasard si la conduite de cet État et de son économie est assurée par une mince couche de dirigeants juifs et non par des Russes. Le judaïsme menacé par l'évolution du monde occidental s'est retiré là, simplement pour attendre que son heure vienne, car il utilise le peuple russe comme une base d'opérations en vue de la Révolution mondiale communiste à laquelle il aspire. La prétention du bolchevisme qui affirme ouvrir la voie à une évolution nouvelle est *un des plus grands mensonges de l'histoire*. Il n'est pas le début, mais l'aboutissement d'une évolution, la dernière conséquence logique de celle qui commença avec le libéralisme, fut dirigée contre le peuple en tant qu'organisme et après la destruction complète de celui-ci s'enleva toute nouvelle possibilité de développement. C'est la seule façon de comprendre pourquoi l'on ne se contente pas de réaliser le communisme en Russie, mais que l'on prêche la révolution mondiale. Il n'y aura bientôt plus rien à exploiter en Russie et l'on se met à temps à la recherche de nouveaux pâturages dans le monde. Le développement logique du libéralisme économique conduit nécessairement au bolchevisme.

Nous autres, Allemands, avons sous la conduite d'Adolf Hitler, secoué la domination par la violence que des éléments étrangers à notre peuple nous imposaient. C'est sans doute le fait qu'une paysannerie relativement forte s'est maintenue en Allemagne à travers la tempête des siècles précédents, qui nous a permis de réussir aussi vite et aussi complètement. Le paysan, il est vrai, a dû, lui aussi participer, comme tout le monde, sur le terrain économique à la libre concurrence, mais le sentiment d'une économie réellement au service du peuple est resté plus fort en lui, plus même qu'il n'en était conscient, et cela pour deux raisons : d'abord parce qu'il est plus solidement enraciné au sang et au sol, qu'il se sent par conséquent constamment lié à l'espace et au temps, et par là à tous ses concitoyens et ensuite parce que la classe paysanne garde en elle le souvenir inconscient de l'économie précapitaliste plus que ne le font d'autres, contemporaines du développement de l'économie industrielle moderne. C'est pourquoi le paysan a été le premier à accepter, avec un sûr instinct, l'idée de la mise de l'économie au service du peuple et l'a appliquée dans son domaine. Il a porté inconsciemment cette pensée pendant des siècles, alors que l'évolution se faisait dans un autre sens et il sera pour l'avenir le garant de son prestige, de sa défense contre toute attaque et au cours des années à venir de son extension à toute l'économie allemande sous l'égide d'Adolf Hitler.

Et vous, chefs de la paysannerie, soyez conscients de l'immense tache qui s'impose ainsi à vous.

(Discours au IIIe Congrès des Paysans allemands de Goslar, le 16 novembre 1935.)

CHAPITRE IV

APPEL À L'IDÉALISME

La paysannerie a deux devoirs à remplir : être la source de vie du peuple et assurer sa subsistance. On crut pouvoir négliger la paysannerie parce qu'au cours de l'évolution libérale du XIXe siècle on perdit de vue, en Allemagne aussi, ces deux tâches. Dans les siècles précédents, par suite de la méconnaissance de la signification du sang, des milliers de paysans allemands furent privés de la possibilité de vivre dans leur patrie et presque forcés de prendre du service à l'étranger, les plus nombreux comme mercenaires. L'apparition du libéralisme ouvrit le chemin à l'émigration ininterrompue de milliers de familles paysannes qui durent chercher de nouvelles possibilités d'existence, soit dans l'Est et le Sud-Est européen, soit pour la plupart dans le Nouveau Monde. Aujourd'hui cela nous apparaît comme une saignée, immense et continue, du meilleur sang allemand. Les bornes de cette route fatale sont les prétendues crises agricoles. La découverte du monde conduisit en effet à une augmentation monstrueuse de la production agricole, et comme, dans les pays vierges les frais de production étaient de beaucoup inférieurs à ceux des vieux pays civilisés de l'Europe, les produits alimentaires et les matières premières, obtenus en masse là-bas, purent inonder le marché européen et dévaluer par leurs bas prix le travail de nos paysans.

Une augmentation de la production était devenue organiquement nécessaire en Allemagne, du fait de l'accroissement de la population au cours du siècle dernier ; l'intensité de la production aurait dû être augmentée sans cesse de manière à ce que l'accroissement des produits bruts balance celui des besoins.

Cette évolution organique fut pourtant arrêtée par la concurrence aux prix dérisoires venue de l'étranger. Du fait de ces offres à vil prix l'agriculture allemande ne put intensifier sa production d'une manière suffisante. Les prétendues crises agraires, dont la plus connue est celle qui eut lieu sous Caprivi, naquirent de cette opposition entre la nécessité de l'intensification et la tendance à la culture extensive imposée par l'étranger. Gustav Ruhland dans son livre «*La concurrence internationale des céréales — un problème capitaliste*», a clairement reconnu ce rapport. Il a montré comment l'irruption de produits alimentaires à bon marché venus de l'étranger a obligé, en Allemagne, la culture intensive à devenir extensive. Des milliers d'entreprises agricoles allemandes furent ainsi victimes de la crise. Les paysans à qui elles appartenaient partirent pour le Nouveau Monde et aggravèrent à leur tour la situation de leurs concitoyens restés au pays, en contribuant à accroître encore la production et l'exportation des produits agricoles. Le côté tragique de cette évolution résidait non seulement dans la perte du sang allemand le meilleur due à l'émigration, mais aussi dans le fait que le travail agricole de ces émigrants empêchait l'intensification nécessaire de l'économie nationale et que l'Allemagne perdait petit à petit son indépendance au point de vue du ravitaillement. Une partie non négligeable et constamment accrue de la production alimentaire allemande était transférée à l'étranger. Tout ceci se paya cher pendant la guerre mondiale : les descendants de ces émigrants allemands se trouvèrent non seulement être les ennemis de leur patrie d'antan, mais en outre leur travail à l'étranger avant la guerre avait déjà contribué à faire entrer l'Allemagne dans la lutte avec une situation alimentaire mal assurée. Il est vrai que des voix isolées, dont celle de Ruhland, s'élevèrent pour nous mettre en garde contre cette évolution.

Il est vrai aussi que les gouvernements, en Allemagne et dans les autres vieux pays civilisés européens, essayèrent par des tarifs douaniers protecteurs et d'autres mesures de défense agraire, de venir en aide à l'agriculture : il manquait pourtant, aussi bien chez les gouvernants que dans la conscience des peuples, la reconnaissance essentielle de la valeur de la paysannerie, source du sang et classe nourricière du peuple. La Grande Guerre même, qui avait montré à chaque citoyen allemand le danger qu'il y a à dépendre de l'étranger au point de vue alimentaire, n'apporta aucun changement, les soucis causés par le ravitaillement pendant la guerre étaient totalement oubliés après quelques années. L'évolution reprit là où elle s'était arrêtée en 1914. On continua par principe dans une voie qui s'était déjà avérée fatale. La perte de la guerre mondiale n'était que la conséquence de l'évolution libérale du siècle précédent. Elle montra seulement que l'Allemagne suivait un chemin qui devait conduire à l'effondrement de' son peuple et de son ravitaillement. L'issue de la guerre aurait dû inciter à la réflexion, mais les gouvernements d'après guerre n'en tirèrent pas d'enseignement car le sens même du concept de « peuple » leur échappait. Ils continuèrent de croire au cosmopolitisme et à l'économie mondiale. L'idée libérale dont la grande guerre avait démasqué l'inviabilité, fêta dans le q système » sa résurrection. On n'avait pas le courage de reconnaître que l'évolution libérale était née d'une surestimation du sens du présent et du manque de tout sens de l'avenir.

La rupture nécessaire ne pouvait résulter que d'une nouvelle notion, d'une nouvelle conception du monde. Cette conception du monde était l'idée nationale-socialiste.

Adolf Hitler a rappelé la paysannerie à ses deux devoirs éternels. Ce n'est pas en raison de la situation critique de l'agriculture, conséquence des erreurs anciennes, ni au nom du faux principe qui consiste essentiellement à disperser son aide dans tous les domaines, que le Führer a fait du salut de la paysannerie une tâche primordiale ; il avait en agissant ainsi la claire notion de son importance pour la sécurité de l'existence du peuple tout entier et de son ravitaillement.

Quand, en juin 1933, le chef des Paysans allemands fut appelé au Ministère du Ravitaillement par le Führer, une grande partie du peuple allemand n'a vu, dans la politique agraire inaugurée par lui, qu'une tentative de relever la situation sociale de la paysannerie. En effet, la même Allemagne qui de nombreuses dizaines d'années avant la guerre avait déjà perdu la liberté de son ravitaillement et qui dans la mesure où elle devenait un pays exportateur de produits industriels était de plus en plus réduite à importer des produits alimentaires et des matières premières, paraissait en 1933 regorger de produits agricoles. Une série de récoltes favorables, et en particulier la récolte exceptionnelle de 1933, avait donné l'illusion d'une situation alimentaire qui paraissait à tous égards assurée. L'excédent de céréales, de viande, de beurre, etc., dont l'écoulement avait, à l'époque du « système » déjà, et pendant les années 1933 et 1934, été une cause de soucis, n'était qu'apparent, car la soi-disant économie mondiale continuait à approvisionner avec excès l'Allemagne en produits alimentaires. On a souvent méconnu que cet approvisionnement n'avait aucun caractère organique, qu'il n'avait été rendu possible que par l'endettement antérieur de l'Allemagne à l'égard de l'étranger, et en outre, qu'un ravitaillement ultérieur par l'étranger ne pouvait être envisagé que dans la mesure où ce dernier était prêt à accepter en paiement des produits industriels.

Dès que s'arrêta l'endettement, dès que l'économie allemande fut orientée vers les tâches futures du peuple allemand et cessa de constituer une fin en soi pour être mise au service du peuple, l'insouciance avec laquelle les gouvernements du « système » avaient considéré le ravitaillement économique de l'Allemagne, disparut d'elle-même. Il allait devenir patent que l'Allemagne, malgré les soucis provoqués par une production excédentaire, dépendait pour son approvisionnement du bon vouloir des autres Etats. Ceci se produisit pendant l'été 1935. Le peuple allemand, l'ouvrier allemand, comprirent alors seulement pourquoi le Führer avait, lors de la prise du pouvoir, mis le salut de la paysannerie au rang des deux tâches les plus urgentes. Le public réalisa clairement que l'Allemagne n'avait jamais cessé de dépendre du marché mondial, au point de vue du ravitaillement. La Grande Guerre fit payer cher la négligence avec laquelle on avait traité la paysannerie. Si les difficultés de ravitaillement de 1935 purent être surmontées, si des soucis semblables à ceux causés par l'approvisionnement pendant la guerre furent épargnés au peuple allemand, c'est uniquement parce que, avec prévoyance, dès le premier jour où fut appliquée la politique agraire du national-socialisme, on entreprit de sauver la paysannerie allemande. Jusqu'en 1934, une grande partie de la population ne vit dans la politique agraire du national-socialisme qu'une protection du paysan. Mais si l'on s'était donné la peine d'examiner à fond les principes de cette politique, on se serait aperçu qu'il ne s'agissait pas, dans les mesures prises, d'une simple protection de la paysannerie, mais bien en premier lieu d'une défense du peuple allemand tout entier. La production agricole allemande ne couvrait encore que 80 pour 100 de la consommation nationale. Le ravitaillement national dépendait toujours, jusqu'à concurrence de 20 pour 100, de la bonne volonté de l'étranger. La situation alimentaire de 1935 démontra qu'i n'y avait pas besoin d'une guerre mondiale pour souligner toute l'importance de cet état de dépendance. Des mesures économiques, comme le ralentissement des exportations industrielles, arrivaient pratiquement au même but : « éloigner la corbeille à pain du peuple allemand. »

Le moyen d'amorcer l'évolution nouvelle, fut, à côté de la loi sur la ferme héréditaire, qui devait faire de la paysannerie la source de vie du peuple, la loi sur la Corporation Nationale de l'Alimentation et la réglementation du marché qui s'appuyait sur elle. J'ai déjà défini l'an dernier, à l'occasion de l'ouverture de l'exposition de cette Corporation à Hambourg, la nécessité économique de la réglementation du marché. Seule, elle rendit possible la réalisation, à côté du salut de la paysannerie, du deuxième devoir imposé par le Führer : la lutte contre le chômage ; car seule elle évita que l'augmentation des revenus de l'agriculture ne tombe à la charge des consommateurs.

Il me paraît aujourd'hui nécessaire d'exposer clairement les *principes de la réglementation du marché*. Par la stabilité des prix, elle protégea non seulement le producteur contre leur chute, mais en même temps le consommateur, contre leur augmentation. Le libéralisme ne connaissait que la doctrine du libre jeu de l'offre et de la demande et les prix n'en étaient que la conséquence. Un prix — on peut le dire — établi par jeu agissait pourtant comme un autre sur la production et la consommation. Il pouvait, quand il était élevé, encourager la production et réduire la consommation, il pouvait quand il était bas, étrangler la production et augmenter la consommation.

Les variations de prix conduisirent ainsi à des variations de la production et de la demande. Les besoins alimentaires sont pourtant stables : ils ne sont par eux-mêmes sujets qu'à de faibles changements. Mais la production agricole ne peut être modifiée comme dans l'industrie, en quelques mois, augmentée ou diminuée selon les exigences d'un prix établi au hasard. En d'autres termes : la formation libérale des prix menaçait essentiellement l'harmonie de la production nécessaire et des besoins inévitables.

Au contraire, la réglementation du marché fixa les prix en tenant compte aussi bien des besoins que de la production. Ils ne se formèrent plus d'une façon inorganique et insensée dans le prétendu libre jeu des forces économiques, mais furent déterminés nettement par l'autorité supérieure et de telle manière qu'ils affectent le moins possible les conditions d'existence du peuple allemand et, simultanément, aiguillent la production en s'accordant normalement les uns aux autres. Il faut, au préalable, que ces prix autoritaires ne restent pas sur le papier mais soient fondés économiquement. La conséquence de la fixation autoritaire des prix fut donc de rendre nécessaire une réglementation centrale du ravitaillement. Il s'agissait en effet, au cas d'une offre de marchandise excessive, de retirer du marché par une décision du pouvoir central — et au prix fixé — les quantités nécessaires au rétablissement de l'équilibre entre l'offre et la demande. Il s'agissait, en outre, au cas d'insuffisance d'une marchandise de faire offrir par le pouvoir central, au prix fixé, des quantités de cette marchandise, jusqu'à ce que l'équilibre se rétablisse. Les prix fixés ne sont en effet économiquement valables que si la situation du ravitaillement reste stable.

Une conséquence ultérieure, rendue inévitable par la précédente, fut la nécessité de constituer des stocks, c'est-à-dire de retirer à temps du marché les marchandises en excédent, et de les y remettre en cas de déficit. La condition préalable de la réglementation du marché est donc une politique centrale des stocks. Une telle politique n'est pas seulement nécessaire pour équilibrer la production et les besoins — et ceci aussi bien dans les limites de l'année qu'entre plusieurs récoltes successives — mais elle l'est également pour donner aux prix fixés par l'autorité une garantie réelle. L'importance considérable de la formation des stocks pour assurer l'indépendance du ravitaillement allemand est donc claire. Seuls des stocks suffisants pouvaient garantir l'approvisionnement et les prix équitables ; leur création était une condition décisive de la réglementation du marché.

Que signifiait la nécessité d'une telle politique des stocks pour un peuple qui dépendait de l'étranger pour un cinquième de son ravitaillement, et en dépend toujours ? Elle signifiait que par suite de la régression du chômage, de l'active politique de peuplement, des efforts faits pour augmenter le niveau du ravitaillement, il fallait de plus en plus faire appel à l'étranger pour satisfaire les besoins croissants du peuple allemand en produits alimentaires, si la possibilité n'était pas donnée à l'agriculture allemande de produire plus. Le manque de matières premières en Allemagne interdisait dès l'abord d'aggraver la situation du marché des devises ou d'augmenter l'importation des produits alimentaires : seule restait la solution consistant à accroître la production agricole. C'est pourquoi le Führer des Paysans allemands, en 1934, au IIe Congrès des Paysans, engagea la bataille de la production.

Il était nécessaire de produire plus pour assurer le ravitaillement et garantir des prix équitables au consommateur. Je puis souligner, à ce propos, que la bataille de la production fut annoncée à un moment où — comme nous l'avons déjà dit au début — les offres l'emportaient dans presque tous les domaines du ravitaillement. En dehors du fait que de grandes quantités de froment et de seigle, provenant de la récolte exceptionnelle de 1933 se trouvaient aux mains du Reich, il y avait également excès d'offres sur les porcs et en outre excès d'offres de bovins provoqué en particulier par la mauvaise récolte de fourrage, due à la sécheresse de 1934, difficultés dans la vente du beurre et des œufs, etc... pour ne citer que les produits principaux. Au moment donc où dans les branches les plus importantes du ravitaillement, des offres excessives nous inquiétaient chaque jour, le Führer des Paysans allemands eut le courage, avec une claire notion des principes que j'ai exposés au début, d'engager la bataille de la production. Que les esprits trop malins à qui le rythme de cette bataille paraît insuffisant et qui croient pouvoir, avec leurs ergoteries et leurs bêlements, prendre position sur les questions agricoles, sachent que si en 1935 la récolte exceptionnelle de 1933 s'était reproduite, ils auraient été les premiers à prendre par principe position contre la «folie» d'une augmentation de la production agricole. J'ai peine à croire que ces deux douzaines de criticailleurs systématiques auront la chance d'être cités par les historiens futurs, même dans une simple note au bas d'une page.

L'appel à la bataille de la production, en novembre 1934, n'était donc pas seulement un acte de prévoyance, mais il ne pouvait être lancé que si une réglementation préalable du marché créait les conditions nécessaires à l'engagement de cette bataille.

Théoriquement il eut été possible d'obtenir, de trois façons différentes, cette augmentation de la production agricole :
1. — Par le moyen libéral de l'appel à l'intérêt privé,
2. — par le moyen étatique de la contrainte, et
3. — par le moyen national-socialiste, que nous avons utilisé.

Les défenseurs de la première solution qu'ils baptisèrent pudiquement «*de l'intérêt particulier à l'intérêt général*», croyaient à la théorie infaillible du libéralisme : l'offre et la demande dans le libre jeu des forces économiques conduisant toujours à l'équilibre idéal des besoins et de la production. Appliqué à la situation de l'Allemagne cela aurait signifié qu'il fallait attendre, avant d'engager la bataille de la production, que la pénurie dans tel ou tel domaine du ravitaillement provoque une forte augmentation des prix. La production attirée par les prix élevés se serait alors automatiquement haussée au niveau correspondant. J'ai déjà exposé que l'abandon de la formation des prix à ce libre jeu des forces économiques, aurait forcément conduit à de très gros bouleversements et à une mauvaise orientation de la production. Ces prix ne se seraient pas formés selon les exigences de l'économie nationale, mais des pénuries occasionnelles et plus ou moins longues, auraient provoqué des modifications profondes de la production sans tenir compte de la nécessité réelle de l'augmenter. La stabilité des prix, fondement indispensable de toute augmentation de la production, ne se serait pas établie, et de plus les variations anciennes des prix auraient été monstrueusement accentuées par des phénomènes temporaires de disette.

En dehors de ces répercussions sur l'agriculture elle-même, ce moyen est à exclure pour des raisons d'économie générale, non seulement parce qu'il contredit la conception nationale-socialiste de la communauté nationale, mais parce qu'une augmentation des prix aurait conduit à une élévation des salaires et rendu ainsi impossible l'accomplissement de la deuxième des grandes tâches proposées par le Führer : la lutte contre le chômage.

Il s'agissait justement de trouver la solution de la question agraire dans le cadre de l'économie nationale tout entière, en partant de la conception fondamentale du national-socialisme qui prend pour base politique non ce qui sépare, mais ce qui est commun. Si la doctrine de la communauté nationale et de son identité de destin est justifiée, une tâche vitale ne pouvait être accomplie au détriment d'une autre. Il serait assez grotesque aussi d'user des méthodes libérales pour guérir une maladie qui est la conséquence de leur emploi. C'est bien le libéralisme avec son libre jeu des forces économiques qui porte la responsabilité du ravitaillement insuffisant de l'Allemagne, au cours d'une évolution longue de plusieurs dizaines d'années.

Le deuxième *moyen* théoriquement utilisable, celui *de la contrainte étatique*, imposé par en haut et recommandé de-ci de-là, doit être également rejeté sans appel. On ne peut organiser une bataille de la production par des moyens étatiques. On ne peut vouloir diriger de Berlin des entreprises agricoles allemandes par la voie d'ordonnances. De même qu'il est impossible que l'autorité centrale impose à chacune des 5 millions de fermes un plan d'utilisation des engrais ou que l'État commande l'emploi des machines et des outils, on ne peut réglementer de Berlin les plans de culture, l'assolement, les quantités de semences et l'époque des semis. L'emploi d'un tel moyen supposerait que l'on n'a pas à faire à des paysans allemands, mais à un peuple colonial primitif qui n'est disposé à travailler que dans un état de servitude plus ou moins accentué. Ce n'est pas l'effet du hasard si l'on a justement employé ces méthodes de la contrainte étatique en Union Soviétique, c'est-à-dire dans un État où l'homme n'est rien et la matière tout. L'essai y fut réellement tenté d'organiser la production agricole par la centralisation étatique et l'échec de ce moyen, même avec un peuple qui vit sous la terreur la plus sanglante, est significatif. Malgré vingt ans d'économie soviétique il fut non seulement impossible de rétablir l'ancienne production agricole en Russie, de faire à nouveau de ce pays un des plus grands exportateurs, mais on ne réussit même pas à assurer le ravitaillement du peuple russe.

LE MOYEN ORGANIQUE. – Au lieu du moyen collectiviste et étatique de l' Union Soviétique, nous avons décidé d'employer le moyen national-socialiste, c'est-à-dire organique. Nous ne voulions pas seulement résoudre la question agraire dans le cadre général de l'économie nationale, mais aussi éviter l'emploi d'un moyen qui aurait finalement conduit à étouffer la puissance créatrice de l'individu, à créer une classe de rentiers vivant de l'État et à faire rechercher des subventions. L'État ne pourra jamais, avec son appareil de fonctionnaires, se charger de tâches pour lesquelles sont nécessaires la volonté tendue et toutes les possibilités de millions d'hommes créateurs, responsables vis-à-vis d'eux-mêmes et travaillant pour la communauté. C'est aussi la voie que le Führer a toujours indiquée. Lui, qui détient la puissance de l'État, se tourne néanmoins vers le peuple allemand, non seulement lors des grandes décisions politiques, mais aussi dans tous ses discours, pour accroître la force de chaque individu, au profit de la communauté. Le chef des Paysans allemands a, lui aussi, voulu suivre cette voie en lançant son appel à la bataille de la production. Il savait que d'intervenir dans la direction des fermes aurait pour résultat non pas de libérer des forces nouvelles, mais bien d'accabler celles qui existent. C'est pourquoi la tâche de mener la bataille de la production fut confiée à l'administration autonome de la paysannerie allemande, à la Corporation Nationale de l'Alimentation. Il est évident, que, de son côté, l'État fait tout son possible pour en assurer le succès. Mais il ne s'agit pas de cela, il s'agit de la participation de chaque paysan et de chaque cultivateur à la lutte. Une tâche qui, du seul fait du nombre élevé des entreprises ne peut être accomplie que dans la décentralisation, fut ainsi confiée à l'organisation décentralisée de la Corporation Nationale de l'Alimentation.

Il fallait que les conditions pratiques, nécessaires au succès de la bataille de la production, soient réalisées à l'avance. Elles le sont par la réglementation du marché, par l'existence d'un organisme autonome comme la Corporation Nationale de l'Alimentation. Elles le sont enfin par le fait que la direction de cette Corporation jusque dans le dernier des villages, appartient à de vrais paysans.

La bataille de la production est ainsi un appel conscient à l'idéalisme du paysan allemand, à son goût de l'effort, à sa volonté de travail ; et cet appel, malgré le peu de temps écoulé, a eu un succès inespéré. D'après le rapport hebdomadaire de l'Institut pour l'étude de la conjoncture, l'utilisation des engrais azotés pendant l'année dernière a augmenté, par rapport à celle qui précéda la prise du pouvoir, en deux ans donc, de plus de 20 pour 100, l'utilisation de l'acide phosphorique de 36 pour 100 ; celui de la potasse de 33 pour 100. L'emploi des engrais s'intensifie constamment dans une proportion que nous espérions à peine. Le cubage des silos à fourrages verts s'est accru en 1935 de 1,5 millions de mètres cubes, c'est-à-dire de 65 pour 100. Il a été vendu en 1935 pour 200 millions de marks de machines agricoles en Allemagne, contre 80 millions en 1932 et 120 millions en 1933. La superficie réservée à la culture du chanvre est passée entre 1932 et 1936 de 200 hectares à environ 6.000 hectares, soit 25 fois plus ; celle du lin, de 5.000 hectares à environ 42.000 hectares, soit 8 fois plus ; celle du colza et la navette de 6.000 hectares à 52.000 hectares, soit 9 fois plus. Les cultures intercalaires si importantes pour l'approvisionnement actuel en fourrages sont passées de 2,2 millions d'hectares à plus de 2,6 millions, soit une augmentation de 20 pour 100 environ. La culture de l'orge d'hiver est passée de 246.000 hectares à 429.000, soit une augmentation de plus de 75 pour 100. Le troupeau de moutons s'est accru entre 1933 et 1935 d'environ 500.000 têtes. Je m'arrête à ces quelques exemples. Ces résultats ont été obtenus dans les conditions les plus difficiles et ils ne sont pas définitifs, car l'appel à l'idéalisme a été entendu et nous n'assistons qu'aux débuts de ce que peuvent la volonté de travail et la capacité de l'agriculture allemande.

Nous avons voulu suivre la voie de l'idéalisme. Nous qui sommes les hommes du Führer, nous ne pouvions emprunter un autre chemin, car il nous a toujours appris à croire à l'idéalisme du peuple allemand, et sa foi dans le peuple allemand n'a jamais été déçue. Son mouvement a grandi parce qu'il s'est adressé à l'idéalisme de chaque Allemand, il n'a pas gagné des adhérents en leur promettant des monceaux d'or, mais en les invitant à se sacrifier pour la communauté nationale. Nous aurions été infidèles aux principes nationaux-socialistes si nous avions suivi dans la bataille de la production un autre chemin que celui du Führer. Chacun, qui parcourt les campagnes les yeux ouverts, s'aperçoit aujourd'hui que notre nouvel appel à l'idéalisme, à la volonté de travail de l'agriculture allemande était fondé et a trouvé un terrain favorable. Il est sûr que nous autres paysans et cultivateurs ne tenons pas dans nos mains tous les facteurs de la production, comme cela est le cas dans l'industrie. Avec nos quatre récoltes de céréales, de pommes de terre, de fourrages, de fruits et de légumes, nous dépendons pour une large part du temps. Nous ne pouvons que créer les conditions favorables à une bonne récolte ; et si l'on parcourt les champs de l'Allemagne, comme viennent de le faire ces jours-ci les Membres du Conseil des Paysans allemands, en voyage d'études, on peut bien dire que tout ce qu'il est humainement possible de faire a été accompli pour assurer le succès de la récolte de cette année. La joie de cette réussite ne doit pourtant pas vous amener à paralyser les progrès futurs de la bataille de la production. Il faut chaque année redoubler d'efforts et épuiser toutes les possibilités d'augmentation de la production.

Nous ne nous contenterons pas des résultats acquis. Personne n'a le droit, même s'il croit avoir tiré le maximum de son travail, de se désintéresser de cette question décisive pour la vie du peuple allemand.

La bataille de la production est une nouvelle preuve que les lois fondamentales de la vie que le Führer nous a appris à avoir toujours devant les yeux, valent aussi dans le domaine économique. Il n'est pas vrai que l'autonomie des lois économiques soit une chose définitive et inévitable. Dans le domaine économique aussi, on ne peut obtenir de grands résultats qu'en faisant passer l'intérêt général avant l'intérêt particulier. Puisque le peuple des campagnes allemandes a engagé la bataille de la production selon ce principe, le succès définitif sera atteint. On comprendra un jour que la bataille de la production n'a pas seulement conquis l'indépendance de l'Allemagne au point de vue de son ravitaillement en produits alimentaires, mais qu'elle a été aussi un acte socialiste.

(Discours d'ouverture de l'Exposition de la
Corporation Nationale de l'Alimentation.
Francfort-sur-le-Mein, 17 mai 1936.)

DEUXIÈME PARTIE

LA MOBILISATION

DES FORCES ÉCONOMIQUES

CHAPITRE PREMIER

LA PAYSANNERIE
ET LE PLAN DE QUATRE ANS

Le Führer a annoncé le plan de quatre ans dans sa grande proclamation du Congrès de l'Honneur à Nuremberg. Le Président du Conseil des Ministres, le général Göring a été chargé de l'exécution de ce plan. Il a formé dans ce but un Conseil Général, et réparti les tâches entre une série de groupements professionnels, parmi lesquels se trouve le groupement de l'alimentation. La conséquence de cette division du travail est que la paysannerie doit, elle aussi, fournir une participation essentielle au plan de quatre ans. En quoi consistera-t-elle ? Pour déterminer clairement quels sont les devoirs de la paysannerie et de l'ensemble de l'agriculture, il faut examiner les causes qui rendiront indispensable la mise en vigueur du plan de quatre ans.

L'AUTARCISATION DES AUTRES PAYS. – On a toujours soupçonné le national-socialisme, dès les années de la lutte pour le pouvoir, d'avoir des tendances autarciques.

L'idée de la liberté économique et de la liberté du commerce qui dominait le monde et l'Allemagne, faisait considérer comme rétrograde toute tentative du Reich d'élargir sa base de ravitaillement en produits agricoles et en matières premières. L'étranger, après Nuremberg, s'imagina, bien évidemment, que l'Allemagne nationale-socialiste était à nouveau entraînée par des tendances autarciques et qu'elle troublait ainsi les efforts tentés pour assainir l'économie mondiale et triompher de la crise. On insinua, une fois de plus, que l'Allemagne faisait preuve de mauvaise volonté. Il faut au contraire souligner, avec toute la clarté désirable, que la proclamation du plan de quatre ans n'est pas le produit d'une idéologie autarcique, mais la conséquence de l'autarcisation des autres pays.

Au XVIIIe siècle la division économique du travail ne dépassait pas les frontières de chaque État. Il était impossible de relier entre eux, par la répartition du travail, des territoires considérablement éloignés, car le moyen de liaison — les communications modernes à bon marché manquait. L'économie jouait ainsi, à l'intérieur de cadres nationaux plus ou moins fermés ; même dans ces économies nationales, la division du travail était insuffisamment développée en raison de l'impossibilité de triompher des distances. Les possibilités de circulation déterminaient la mesure dans laquelle pouvait s'opérer la division du travail. Il y avait bien échange de marchandises entre les Etats ; mais il était réduit ; il se limitait à des territoires très voisins et le marché mondial n'existait que pour quelques produits particulièrement précieux, comme les épices, l'encens, le velours et la soie, pour lesquels un transport coûteux, sur de grandes distances, rapportait encore un bénéfice suffisant. Chaque peuple et même chaque province devait dans une large mesure se suffire à soi-même, c'est-à-dire vivre en autarcie. Comme il était impossible de triompher des grandes distances, et que d'un autre côté les récoltes étaient variables, la conséquence de ce système de l'économie nationale fermée se traduisit par des disettes fréquentes, qui étaient le signe de l'écart entre les besoins d'un peuple en produits alimentaires et la possibilité qu'il avait de les satisfaire sur son propre sol. Aussi longtemps que la population était peu nombreuse, il était possible d'augmenter les surfaces cultivées, l'équilibre entre les besoins et la production de produits alimentaires pouvait toujours être rétabli. Avec l'augmentation de la densité de la population, le problème du ravitaillement devint toujours plus difficile. On s'explique alors qu'étant donné cette organisation économique et l'impossibilité de remédier de l'extérieur aux variations du ravitaillement, la formation des stocks fut un des éléments décisifs de l'économie et le souci particulier des gouvernements.

L'EXEMPLE DES ROIS DE PRUSSE. — Chaque exploitation n'apportait donc sur le marché que les produits qui représentaient un excédent réel, compte tenu des récoltes déficitaires éventuelles. Jusqu'à la guerre encore, on trouvait des pays éloignés — c'était le cas de l'ancienne Russie — où les paysans stockaient d'une année à l'autre une récolte complète sans l'avoir battue. Cette formation naturelle des stocks dans les économies familiales était pourtant insuffisante. L'augmentation de la population et le danger d'un ravitaillement difficile imposèrent aux gouvernements le devoir de s'occuper du problème de la liberté de l'approvisionnement. Les grands rois de Prusse donnèrent l'exemple en la matière. Ils provoquèrent non seulement l'augmentation de la productivité du sol par une intensification continue de la culture, — notamment sur les domaines de la couronne —, le développement de cultures nouvelles (élevage du ver à soie, introduction forcée de la pomme de terre qui est d'un plus grand rapport financier que n'importe quelle céréale), et par des mesures que nous appellerions aujourd'hui « bataille de la production », mais ils accordèrent aussi une attention particulière à la « politique des stocks », c'est-à-dire à l'équilibre provincial et temporaire des récoltes. Il suffit de rappeler à ce propos les greniers à blé de Frédéric le Grand. Ce roi faisait acheter aux époques de bonnes récoltes des céréales par l'État pour éviter la baisse des prix ; le développement de la circulation rendait alors complètement impossible le transport des quantités de céréales en excédent dans un territoire éloigné qui, par suite d'une récolte déficitaire, en manquait. Le capitalisme en plein épanouissement, un siècle et demi plus tard, a résolu des problèmes semblables d'une autre façon, en faisant disparaître l'excédent des récoltes (céréales brûlées au Canada et en Amérique du Sud, café jeté à la mer, etc.). Les rois de Prusse se servaient d'un moyen organique en engrangeant les excédents à un prix convenable et en les distribuant au moment d'une récolte mauvaise à des prix équitables. Les paysans étaient ainsi protégés contre la chute des prix pendant les bonnes années et les consommateurs étaient défendus contre leur augmentation pendant les mauvaises. C'est là le principe économique que nous appelons aujourd'hui « réglementation du marché » : l'équilibre entre excédent et déficit réalisé par un prix équitable. A la fin du XVIIIe siècle et au début du XIXe un nouvel élément s'ajouta à cette structure économique : la découverte de la vapeur. Le chemin de fer, le navire à vapeur permirent brusquement de faire éclater le cadre de l'économie fermée. Le champ de la division du travail s'étendit de plus en plus jusqu'à ce que, même pour la production de masse, il n'y eut plus d'éloignement inrentable. La conquête du monde commençait. La conséquence de cette évolution fut que l'intensification nationale de l'agriculture et la production nationale de matières premières furent négligées puis rendues impossibles. Comme d'après la loi du rendement décroissant du sol, au cas d'intensification croissante de la production, le résultat ne correspondait plus à l'effort fourni, et que par ailleurs des pays primitifs aux possibilités énormes offraient subitement d'immenses étendues vierges à la production des produits alimentaires et des matières premières, il était — du point de vue libéral — plus rentable de cesser d'extraire le dernier quintal de son propre sol et d'échanger les produits bien meilleur marché des pays primitifs contre des objets finis de grande valeur. Ainsi la tendance à l'intensification de l'économie nationale fut-elle interrompue, aussi bien dans le secteur agricole que dans celui des matières premières.

En même temps la seconde base sur laquelle reposait l'économie nationale fermée, la création de stocks devint superflue. Les réserves des nouveaux pays exploités étaient assez grandes pour assurer la fonction des anciens greniers à blé. Ces réserves étaient aussi plus ou moins stables, car elles étaient produites dans le monde entier dans des conditions de sol et de climat les plus différentes, mais de très mauvaises récoltes dans une partie du monde pouvaient être et étaient largement contrebalancées ailleurs par de meilleures. L'augmentation de la population, dans les vieux pays civilisés d'Europe, n'étant plus orientée vers une intensification satisfaisante de l'économie intérieure et une formation de stocks suffisants, l'économie mondiale s'empara de ces deux fonctions.

Le développement de l'industrie donnait des possibilités de travail à la population qui augmentait, le marché mondial absorbait l'excédent de produits finis, et en échange, assurait le ravitaillement des pays civilisés en produits alimentaires et en matières premières. Un nouvel équilibre était né, une division du travail qui cherchait et trouvait son centre de gravité dans le monde et non plus dans le territoire national.

Cette évolution nouvelle qui entra dans l'histoire sous le nom de libéralisme n'a pas seulement changé le principe et la forme de l'économie, mais elle a modifié également l'attitude de l'homme par rapport à l'économie. La conquête du monde par l'homme germano-nordique, achevée en un siècle environ, était au point de vue économique une prodigieuse réalisation créatrice. Le facteur qui permit l'accomplissement de cet exploit en un temps aussi court fut la libération de la personnalité à l'égard de tous les liens du sang et du sol. C'est seulement en créant une idéologie, une conception qui activait à l'extrême le processus de sélection de ces pionniers de l'économie qu'il fut possible de réaliser l'industrialisation du monde, à cette vitesse et avec cette envergure. L'individu isolé devait se parfaire librement sans l'entrave des considérations de peuple, de politique, de population, ou autres. L'idéologie libérale préparée par des courants spirituels et religieux beaucoup plus profonds exigeait une formation de la personnalité en vue de laquelle, en tenant compte des tâches à accomplir pour la conquête du monde, on ne recherchait pas la valeur personnelle dans son rapport avec la communauté nationale, mais seulement dans la soi-disant capacité économique.

Destruction de la communauté nationale. – La conséquence de cet affranchissement de la personnalité et en même temps de l'industrialisation fut la naissance d'un « quatrième état » dont la situation au début de l'ère industrielle notamment a été terrible. Le processus d'industrialisation avait ébranlé les métiers attachés au sol, l'artisanat encore tenu par sa forme corporative, et leur avait enlevé leurs possibilités d'existence. L'organisation économique traditionnelle, ancienne et solide, l'intégration de chaque activité économique dans la communauté, son attitude morale vis-à-vis de l'économie, son sens des responsabilités furent détruites et brisées. L'homme fut isolé, la communauté nationale divisée en atomes indépendants. Les lourdes conséquences qui découlaient de l'immense exploit économique qu'était la conquête du monde ne pouvaient passer inaperçues aux yeux de l'opinion publique. Une nouvelle idéologie devait naître pour remplacer l'ancienne attitude morale du producteur du Moyen Age et normaliser les conséquences de la destruction de la communauté. Ce fut le libéralisme dont la doctrine enseigne que l'intérêt particulier est le seul agent moteur de toute vie. Si à l'époque de la décadence de l'organisation économique médiévale la forme était progressivement devenue plus importante que l'homme, si elle s'était figée au point d'enchaîner la personnalité et l'initiative créatrices, le pendule battait maintenant du côté opposé. Le libéralisme ne pensait qu'à libérer la personnalité et détruisait ainsi la structure morale du peuple, qui seule pouvait nourrir cette personnalité. On prétendait que tout progrès, toute augmentation de bien-être, tout développement de l'humanité et du peuple, ne pouvaient être garantis que si chacun agissait selon son intérêt particulier. On prétendait que la lutte de ces millions d'intérêts particuliers, les uns contre les autres, devait aboutir à une ascension, à une harmonie, à un état de bien-être universel, à l'intérêt général enfin. L'intérêt particulier, sans considération d'intérêt général, devint un impératif moral : on ne put aider ses semblables qu'en s'abandonnant à lui.

Cependant, dans la mesure où cette doctrine universelle de la primauté de l'intérêt particulier avait pour conséquence la destruction de la communauté nationale et par là l'exploitation de millions de nationaux, on se mit à parler de la question sociale naissante ; on vit en elle un phénomène économique qui ne s'adaptait pas à la conception libérale du monde, et la solution de ce problème fut laissée à l'État, considéré comme une espèce de veilleur de nuit, avec peut-être l'obscur pressentiment qu'il devait être le gardien de la communauté nationale. Tous les essais de résoudre ce soi-disant problème social dans le cadre du libéralisme échouèrent, que ce soit par le moyen de la charité ou par celui du soi-disant socialisme d'État, ou enfin par le moyen politique de la lutte des classes parce que la solution ne pouvait être recherchée que dans le cadre d'une renaissance de la communauté nationale, en partant donc d'une nouvelle conception du monde. L'attitude de l'individu isolé vis-à-vis de l'économie, l'affirmation du caractère moral de l'intérêt particulier s'opposaient pourtant à l'idée nouvelle de communauté nationale.

DESTRUCTION DE L'ÉCONOMIE NATIONALE. – Le libéralisme a détruit ainsi les trois bases de l'économie nationale. En premier lieu, en ce qui concerne la garantie de l'existence du peuple, il a retardé et restreint l'intensification de l'économie dans le domaine national, et privé ainsi le peuple de la liberté de son ravitaillement en produits alimentaires et en matières premières. En second lieu, la liberté de ce ravitaillement n'a pas été assurée par la formation de stocks dans les entreprises particulières, et dans l'ensemble de l'économie nationale, tout ébranlement de la division du travail sur le plan mondial devait par conséquent se répercuter sur les bases mêmes de l'existence de notre peuple. En troisième lieu, l'attitude de l'homme vis-à-vis de l'économie a été modifiée par le fait que l'intérêt particulier est devenu le seul critère moral de la capacité.

A la suite de l'évolution libérale l'Allemagne avait transféré progressivement à l'économie mondiale, d'abord la production agricole extensive et celle des matières premières industrielles, et plus tard, d'une façon croissante, la production même des denrées alimentaires. Elle devenait en même temps un pays exportateur de produits industriels. La condition nécessaire du fonctionnement de cette division du travail était l'échange illimité de produits fabriqués contre des produits alimentaires et des matières premières. L'Allemagne ne payait pourtant pas ses importations de produits alimentaires et de matières premières par ses seules exportations de produits fabriqués. La conquête du monde avait provoqué un exode considérable de capitaux des pays industriels vers les pays coloniaux. Ainsi apparurent d'un côté des pays créanciers, et de l'autre des pays débiteurs. La balance commerciale des pays industriels se soldait nettement par un passif. Leurs exportations ne suffisaient donc pas à assurer le paiement des importations. Les capitaux qu'ils avaient investis dans le monde leur assuraient néanmoins une balance des comptes positives. L'échange des produits finis contre les produits alimentaires et les matières premières n'était donc possible que grâce à l'excédent de la balance des comptes des pays industriels. On peut aujourd'hui affirmer en examinant le passé que l'équilibre sur lequel s'appuyait la division du travail dans le monde n'était que momentané, car les pays exportateurs des produits industriels en détruisaient eux-mêmes la base en exportant des machines-outils et des installations industrielles. Le fait que les pays importateurs de produits industriels s'industrialisaient avec l'aide de l'Europe devait finir par rompre l'équilibre de la division du travail. La guerre mondiale et ses conséquences accélérèrent, il est vrai, cette évolution. Les belligérants firent en effet appel au monde entier pour leurs commandes d'armement et renforcèrent ainsi la tendance des pays coloniaux à l'autarcie. Bien entendu, l'Allemagne en souffrit particulièrement : ses exportations avaient non seulement été rendues plus difficiles, comme celles des autres pays, par l'industrialisation générale, mais en outre les sources de matières premières que constituaient ses territoires coloniaux lui avaient été enlevées, son espace vital avait été réduit par le traité de Versailles, et d'État créditeur, elle était devenue du fait des réparations, un État débiteur.

On put se donner pendant quinze ans l'illusion de se tirer d'affaires en faisant des dettes à l'étranger. Il put paraître possible, même à un État débiteur, d'obtenir une balance commerciale active. Ces succès apparents étaient pourtant acquis au prix des dommages les plus lourds causés à l'économie allemande. Ils ne correspondaient qu'à des circonstances passagères déterminées par la chute des prix des matières premières sur le marché mondial. Les gouvernements du « système » restèrent pourtant attachés à la croyance en une division du travail intacte. Comme ils ne partaient pas d'une nouvelle conception du monde, ils ne pensaient qu'à la solution libéralo-capitaliste. Ils forcèrent les exportations allemandes pour pouvoir payer les importations de produits alimentaires et de matières premières et les intérêts de la dette. Pour obtenir ces résultats d'un pays industriel devenu débiteur, il fallut lui imposer les conditions d'existence d'un pays colonial débiteur. Il fallut le ramener à la production extensive des pays coloniaux. Il fallut abaisser son niveau de vie. Cette solution capitaliste eut comme conséquences la ruine de l'agriculture, des millions de chômeurs, la dépopulation et la décadence de la civilisation. L'histoire connaît des exemples d'adaptation d'un pays très civilisé à un pays colonial, par exemple la chute de l'ancienne Rome, celle de l'empire mondial de l'Espagne.

Retour a l'économie fermée. – Le national-socialisme partit d'une autre conception du monde. Le centre en était le peuple, la communauté nationale. C'est pourquoi le Führer a voulu nous donner comme but, après la prise du pouvoir, ces deux grandes tâches nationales : le salut de la paysannerie et la défense du travailleur contre le chômage. Dans la mesure où cette conception organique de l'économie nationale gagnait du terrain, où après quatre ans déjà, ces deux problèmes pouvaient être considérés comme résolus, il fallait affirmer publiquement qu'une économie mondiale basée sur d'autres conditions ne pouvait fonctionner. Le déficit du ravitaillement en produits alimentaires et en matières premières que nous subissons aujourd'hui, devait forcément se produire. C'est pourquoi le Führer a ordonné le plan de quatre ans. Si l'on veut assurer l'existence du peuple, il faut rattraper ce qui a été manqué pendant ce dernier siècle. Nous devons renouer là où la croissance organique d'une économie nationale fermée a été interrompue par le développement du libéralisme. En outre, le rythme d'équipement de nos sources de matières premières et de produits alimentaires est dicté par l'effondrement de l'économie mondiale, c'est pourquoi notre plan d'organisation est resserré sur quatre ans au plus.

L'Allemagne se soumet ainsi à nouveau aux lois d'une économie nationale plus ou moins fermée. Les principes qui étaient déterminants pour l'économie allemande, avant les débuts du libéralisme, reprennent leur valeur. J'ai déjà défini ces principes. Ce sont :

1. L'augmentation de la production sur le territoire national ;
2. une politique des stocks ;
3. une nouvelle attitude de l'homme vis-à-vis de l'économie.

Ces trois groupes de devoirs dessinent le cadre du plan de quatre ans. Avant la prise du pouvoir, la politique agraire du national-socialisme avait déjà prévu ce développement dirigé de la paysannerie et de l'agriculture allemandes. Une fois que le Führer des Paysans allemands Darré eut pris le ministère du Ravitaillement, toutes les mesures de politique agraire tendirent à créer les bases nécessaires à l'accomplissement de ces trois tâches. La politique agraire, ce faisant, se servait du moyen organique en créant des normes économiques nouvelles qui étaient la condition préalable d'une évolution organique. L'augmentation de la production nationale est favorisée aujourd'hui par l'impossibilité de se procurer des matières premières et des produits alimentaires en quantité suffisante sur le marché mondial, car l'impossibilité de tirer de ce marché toutes les denrées dont nous avons besoin est la garantie la meilleure d'une augmentation de la production.

EXACTITUDE DE NOS PRÉVISIONS. – Après la prise du pouvoir la situation était tout autre. Le manque de devises ne se faisait pas encore sentir. L'étranger était non seulement prêt à importer en Allemagne les produits alimentaires nécessaires, mais il s'efforçait d'obtenir, dans chaque traité de commerce, une marge d'importation aussi forte que possible. La concurrence de ces importations n'aurait jamais permis que l'agriculture allemande intensifiât encore plus sa production. Je rappelle à ce propos les soucis que le gouvernement du Reich eut en 1933 pour empêcher l'effondrement des prix agricoles du temps de crise, déjà ramenés au-dessous des frais de revient, sous l'influence des importations considérables et de la récolte exceptionnelle de 1933, effondrement qui aurait conduit à l'accroissement des cultures extensives, donc à une diminution de la production et du travail de l'agriculture allemande. Dès l'année 1933 de nouvelles bases étaient données à l'économie nationale, en vue de l'augmentation dorénavant nécessaire de la production, d'une part par la loi sur la ferme héréditaire, qui dégageait l'exploitation rurale de l'enchevêtrement des rapports capitalistes, et d'autre part par la réglementation du marché qui faisait échapper les prix agricoles au jeu libéral de l'offre et de la demande. C'est ainsi que dès 1934, alors que le gouvernement du Reich avait à lutter dans presque tous les domaines de l'agriculture avec les soucis provoqués par les excédents, le Führer des Paysans allemands Darré pouvait lancer l'appel à la bataille de la production. Avec une vue claire des difficultés futures en matière de devises, conséquence de l'effondrement de l'économie mondiale, on a, ici même, exigé de « produire plus et d'utiliser les denrées produites avec plus de soin. »

Il n'était pas possible de poser avec plus de précision un problème dont on reconnaît aujourd'hui toute la portée, car cette phrase ne soulignait pas seulement la nécessité d'une augmentation de la production, mais encore celle d'une rationalisation simultanée de l'économie nationale que nous étendons dès maintenant au delà du cadre agricole avec la campagne de la « lutte contre le gaspillage. » Le plan de quatre ans a donc commencé, dès 1934, à livrer la bataille de la production agricole. Le bilan de cette bataille vous est connu. Le Führer a proclamé à Nuremberg tout ce que la paysannerie avait fait. Mais, si considérables qu'aient été les résultats des deux années passées, la situation de l'Allemagne au point de vue des matières premières et du ravitaillement exige expressément qu'ils soient encore accrus, car nos besoins alimentaires n'ont été satisfaits en 1935 que jusqu'à concurrence de 80 pour 100 par la production nationale. Il faut ajouter à cela qu'avec un chiffre de population croissant — la population allemande a augmenté depuis 1933 d'environ 2 millions, y compris le retour de la Sarre — 467.000 hectares furent, dans la seule année 1935, enlevés à l'exploitation agricole par la reconstruction (en 1936 environ 80.000 ha). En outre, 100.000 hectares furent affectés à la production de matières premières. Si l'on voulait produire dans le pays même tous les produits agricoles importés, 16 millions environ d'hectares supplémentaires seraient nécessaires selon les estimations de l'Institut pour l'Étude de la Conjoncture. La superficie totale utilisable ne comprend pour le moment en Allemagne que 29 millions d'hectares. Ceci explique clairement les difficultés qu'il y a à économiser, ne serait-ce qu'une partie importante des importations. Il faut pourtant que ce problème reçoive dans le cadre du plan de quatre ans une solution aussi large que possible, au prix même d'une extrême tension momentanée de nos forces.

Quels sont les devoirs que le plan de quatre ans impose à la paysannerie, à l'ensemble de l'agriculture et au ravitaillement ? Nous pouvons grouper les mesures nécessaires sous trois aspects différents :

a.) augmentation de la production,
b) politique des stocks,
c) éducation visant à un changement d'attitude.

La bataille de la production doit être poursuivie dans tous les domaines. Comme l'a dit le général Göring, « il importe peu de répartir ce qui existe, mais il s'agit essentiellement de produire plus. »

A. — **Augmentation de la production.**

AUGMENTATION DE LA PRODUCTION PAR L'EXTENSION DES SURFACES UTILES. – La première catégorie de devoirs dans le domaine de l'augmentation de la production est constituée par les mesures propres à augmenter les surfaces utiles jusqu'ici assez réduites. Dans ce but, les mesures suivantes sont prévues par le plan de quatre ans :

a.) *Amélioration des cultures.* — Il faut accélérer l'amélioration des cultures, non seulement quant à l'étendue, mais aussi en vue d'une utilisation rapide. L'Allemagne a en effet 2 millions d'hectares de terres incultes ; pourtant les surfaces déjà utilisées, mais dont le degré d'utilisation est réduit par suite d'une mise en valeur insuffisante, sont beaucoup plus étendues. 4 millions d'hectares de champs doivent être drainés, 3,5 millions d'hectares de prairies asséchés et une importance plus grande doit être apportée à l'irrigation. Ces tâches sont des plus urgentes, car le rendement sera dans ces différents cas plus rapide et plus durable que lors de la mise en culture de terres nouvelles. Il s'agira surtout, pour l'Allemagne, de mener à bien rapidement les améliorations complémentaires encore en retard. Elles peuvent porter sur une superficie de 400 à 500.000 hectares environ.

Il faut à ce propos insister particulièrement sur le fait que les tâches du plan de quatre ans ne doivent pas plus que les autres, être entreprises sous la seule impulsion des autorités supérieures. Le

Président du Conseil des Ministres Göring chargé de l'exécution du plan de quatre ans tient essentiellement à animer toutes les énergies nationales et celles aussi de chaque paysan pour que celui-ci se mette de lui-même à l'amélioration de ses terres. Il n'est pas admissible que l'on se contente d'attendre l'aide de l'État. Cette aide se manifestera surtout par des facilités de financement. J'aimerais à ce propos souligner tout spécialement que les paysans qui commencent de leur propre initiative, de par leurs propres moyens, à réaliser tel ou tel de leurs projets, ne seront pas défavorisés, mais auront droit aux mêmes avantages que ceux qui attendent l'annonce éventuelle de crédits, etc. Nous n'avons pas l'intention de donner une prime à l'attentisme. Le fait de s'attaquer à sa tâche sous sa propre responsabilité sera au contraire particulièrement apprécié.

b) *Correction du plan cadastral.* — La deuxième mesure visant à obtenir un gain de superficie sera la correction du plan cadastral. 3,7 millions d'hectares de surface utile sont composés de parcelles isolées, ce qui non seulement représente une perte de terrain due aux nombreux bornages, mais fait aussi obstacle à un travail pratique et rentable surtout à l'aide de machines. Étant donné l'actuelle surcharge des offices agricoles, cette tâche ne pourra évidemment être accomplie du jour au lendemain. D'ailleurs la loi sur le remembrement a ouvert la voie à un procédé moins compliqué et par là plus rapide. Il s'agira de simplifier autant que possible la pratique du remembrement et d'admettre à ce propos que l'équilibre des différents intérêts ne soit peut être pas toujours parfaitement assuré. Il faut que la paysannerie fasse preuve dans cette correction des plans cadastraux de la compréhension nécessaire et facilite considérablement la tâche de l'autorité.

c) *Augmentation de l'étendue des terres arables.* — Une troisième tâche essentielle sera la transformation d'une partie des prairies en terres arables. Il est absurde que la superficie des prairies et des pâturages qui en Allemagne représente 30 pour 100 des surfaces cultivées, ne fournisse que 10 pour 100 de la production agricole. Le développement de l'agriculture au siècle dernier a profité en premier lieu à la culture arable, dont le rapport a presque doublé pendant ce laps de temps, tandis que celui des prairies augmentait au maximum d'un tiers. Il est certain que les cultures intercalaires permettent d'obtenir infiniment plus de fourrage d'une terre que son seul rapport en herbages. Comme l'Allemagne ne dispose pour son agriculture que d'une surface utile limitée, il s'agira par conséquent de développer les cultures les plus productives au détriment de celles qui le sont moins. Je voudrais rappeler ici un proverbe anglais, né d'une situation agricole identique, alors que le rapport des prairies ne correspondait pas aux exigences d'une agriculture intensive « retourner la prairie fait l'homme, faire de la prairie le détruit. » Un défrichement partiel des prairies offre la seule possibilité d'une extension importante de la surface réservée aux cultures intensives. Une importance particulière est accordée à cette tâche dans le cadre du plan de quatre ans. Il est du devoir de chaque paysan d'obtenir par un travail plus intensif, sur une partie de ses prairies la même quantité de foin que celle provenant de surfaces plus grandes et de transformer en terres arables ce qui devient ainsi disponible. Bien entendu, ceci ne vaut pas pour les terres qui en raison de leur altitude ou de la fréquence des précipitations atmosphériques ne peuvent être cultivées. Remarquons en passant — il ne s'agit pas ici d'un devoir pour les paysans — que deux autres tâches doivent être menées à bien dans le cadre du plan de quatre ans : l'utilisation des eaux d'égouts des villes pour l'épandage et l'utilisation par l'agriculture de terrains qui jusqu'à présent étaient perdus pour elle, comme par exemple les terrains en friche ou les terrains industriels.

INTENSIFICATION DE LA PRODUCTION. – La seconde catégorie de devoirs imposés par la bataille de la production comprend toutes les mesures qui ont pour but d'intensifier la production. Nous ne sommes qu'au début de ces possibilités d'accroissement et les résultats obtenus jusqu'à présent doivent inciter à faire plus encore.

a.) *Utilisation plus grande des engrais.* — Il faut en premier lieu pousser à l'utilisation des engrais artificiels et la rendre plus efficace en pratiquant la fumure totale et en tenant spécialement compte des besoins du sol en chaux. L'Est et le Sud de l'Allemagne doivent rattraper l'avance de l'Ouest à cet égard. Soulignons tout particulièrement que le droit d'engager sa récolte permet à chaque cultivateur de se procurer les engrais nécessaires en quantité suffisante. On prévoit pour éviter les répercussions dues aux mauvaises récoltes la remise en vigueur de la garantie du Reich en matière d'acquisition d'engrais. Le problème de l'adaptation du prix des engrais au cadre de l'économie nationale en corrélation avec l'accroissement des livraisons dans l'Est et le Sud de l'Allemagne sera une des tâches essentielles du plan de quatre ans.

b) *Augmentation de la production de fourrage.* L'extension très poussée des cultures intercalaires et la construction de silos à fermentation pour le fourrage permettant l'utilisation du fourrage vert produit constitue la deuxième tâche essentielle de cette catégorie. Les cultures intercalaires doivent permettre sans surcharger les terres de gagner de grosses quantités supplémentaires de fourrage qui serviront non seulement à combler dans la production fourragère allemande l'insuffisance d'albumines, mais permettront en même temps de libérer des champs où jusqu'alors on cultivait les betteraves, les navets et le trèfle. Avec le défrichement des prairies c'est là une très grande réserve qui peut nous permettre de diminuer notre dépendance économique en matière de fourrages. Le Reich continuera à encourager la construction des silos. Elle est déclarée urgente quant à la livraison des matériaux. Quoique le volume des silos ait doublé depuis 1933-1934, la situation de l'Allemagne au point de vue des fourrages exige que les constructions soient menées, à l'avenir, à un rythme très accéléré.

Le lupin — à ce propos je vous renvoie à la question du lupin qui est d'une importance considérable comme plante à ensilage pour les terres pauvres de l'Est. La question de l'emploi du lupin est pour l'instant d'abord une question de prix. Des conversations sont déjà engagées avec le Ministère des Finances qui visent à obtenir rapidement à côté d'une semence sélectionnée à meilleur marché des semences de reprise en quantité suffisante et à des prix accessibles. La question de l'ensilage est ainsi réglée dans son principe pour l'Est de l'Allemagne et les paysans qui cultivent les terres légères devront désormais se mettre à l'ensilage des fourrages verts comme le lupin pour donner une base saine au développement de leur cheptel.

c) *Plus de foin et du foin de meilleure qualité.* — Un travail plus soigneux et une meilleure utilisation des prairies constituent le troisième devoir de cette catégorie. A côté d'une subdivision pratique des pâturages, il est, de toute urgence, nécessaire d'amener leur rendement au niveau de celui des terres arables. Ceci vaut également pour les prairies. Il s'agira aussi de rendre par un clôturage convenable une partie des pâturages utilisables comme prairies. Le mot d'ordre doit être : « plus de foin et avant tout un foin de meilleure qualité sur des surfaces restreintes.»

d.) *La culture des arbres fruitiers et des légumes.* — Il faut en quatrième lieu accorder à cette culture une valeur plus grande qu'on ne l'a fait jusqu'à présent, en raison de son importance pour l'économie nationale. A propos du problème des cultures maraîchères, il importe de souligner ce qui suit : il est normal, étant donné la situation serrée du ravitaillement allemand — la chose en est ainsi — que l'on ne puisse dans un but de spéculation, enlever, du fait de l'extension mal à propos de la culture maraîchère ou de celle des arbres fruitiers de l'espace à d'autres cultures plus importantes pour le ravitaillement de l'Allemagne. A l'avenir les gens qui croient pouvoir étendre ou diminuer leurs surfaces cultivées selon les prix payés, seront sévèrement poursuivis. En outre, la petite et la très petite exploitation sont, pour des raisons sociales, orientées vers ces cultures jardinières très intensives quand le terrain s'y prête. Elles constituent l'épine dorsale de leur activité. Il est immoral que de grandes entreprises ne pratiquent pas les espèces de culture que leurs dimensions leur imposent mais, qu'elles détruisent d'une part la base des entreprises, petites ou spécialisées, en cultivant des légumes dans un but de spéculation et qu'elles restreignent d'autre part leur superficie cultivable pour une telle raison. Enfin, il faut, là même où de grandes exploitations se livrent depuis de longues années et sur une base stable aux cultures maraîchères, cultiver les espèces de légumes qui se conservent le plus facilement et conviennent le mieux aux provisions d'hiver. C'est de cette façon seulement que des pertes peuvent être évitées à l'économie nationale et que l'idée de réglementation du marché peut être étendue au domaine des cultures maraîchères. Si cette année une série d'exploitations ont accru pour des raisons d'ordre spéculatif la culture du choux d'automne, cela constitue un dommage pour l'économie nationale. Nous cherchons à obtenir une augmentation de la production des légumes, mais sur une surface cultivable stable et en tenant compte tout d'abord du fait que la culture maraîchère est le fondement de l'existence des petites entreprises.

Le rendement de la culture fruitière allemande peut être énormément augmenté par la destruction totale des vieux arbres. Les communes et autres collectivités qui possèdent des voies publiques ont à ce sujet des devoirs tout particuliers. On envisage d'élever dans le cadre du plan de quatre ans le chiffre des crédits destinés à encourager la plantation de nouveaux arbres.

e) *Le problème des graisses.* — C'est là un problème très délicat pour le ravitaillement de l'Allemagne car nous ne couvrons nos besoins en la matière que jusqu'à concurrence de 55 pour 100. Ce pourcentage restreint est dû essentiellement au fait que la culture des plantes oléagineuses a presque complètement disparu en Allemagne et qu'elle n'a un peu repris qu'avec la bataille de la production. Si nous avions un excédent de céréales ou de plantes sarclées, il serait facile de développer fortement la culture du colza et de la navette, mais ce n'est pas le cas. C'est ici que se trouvent, dans les conditions actuelles de l'importation, les limites d'une trop grande extension de la culture du colza. Il est pourtant normal, du point de vue de l'économie nationale, d'accroître cette culture là où il y a des terrains favorables et là où elle promet un rendement sûr. Elle peut certainement être triplée dans le cadre du plan de quatre ans, même s'il faut en arriver à une réduction de la surface réservée à d'autres cultures. Il est d'autant plus difficile à l'Allemagne de se procurer des semences de plantes oléagineuses que cela exige un paiement en devises, alors qu'il serait possible d'obtenir en cas de bonne récolte mondiale des céréales et d'autres produits par la voie des accords de clearing.

f) *Augmentation générale de la production.* — Il est clair qu'il faut, à côté des mesures spéciales déjà énumérées, tendre à augmenter le plus possible la production. Il faut remplacer en particulier les cultures qui ont un rendement incertain ou réduit par celles produisant beaucoup et sûrement. En d'autres termes, il s'agira, là où c'est possible, d'augmenter les superficies cultivées en pommes de terre aux dépens par exemple des vesces et des fèveroles. Il est tout aussi important d'étendre la culture de la betterave à sucre au détriment de la betterave fourragère, pour gagner non seulement une nourriture très concentrée, mais en même temps un produit qui peut être emmagasiné comme du fourrage et qui ne le cède en rien à l'orge pour la valeur nutritive.

Un problème très important est aussi celui de la limitation des surfaces cultivées en trèfle, même s'il est destiné à la nourriture d'été du bétail à l'étable, car il ne fournit que quelques semaines de bon fourrage pour les vaches laitières. Il faut s'efforcer de le remplacer par les cultures intercalaires, avec ensilage ultérieur et la création de réserves de fourrages de transition, sous forme de coupages secs et mélassés.

UTILISATION PLUS SOIGNEUSE DE LA PRODUCTION. – La troisième catégorie comprend toutes les mesures qui ont pour but un accroissement des résultats acquis par une utilisation plus soigneuse de la production. Il n'est pas difficile de produire plus de viande, de lait, d'œufs, etc., quand on dispose de fourrages en quantité suffisante. Le bon marché des céréales fourragères et des tourteaux, sur le marché mondial, a conduit avant la guerre déjà à un état de dépendance accentuée de l'Allemagne vis-à-vis de l'étranger en matière de fourrages. Une grande partie de notre cheptel en fut la victime.

a) *De bons utilisateurs de fourrages.* — La première tâche à résoudre dans cette catégorie par la bataille de la production et maintenant par le plan de quatre ans, consiste donc à obtenir avec moins de fourrage des résultats identiques ou même supérieurs. C'est un devoir très important pour l'élevage de produire de bons utilisateurs de fourrage et de s'en servir le plus vite possible pour l'amélioration du cheptel dans le cadre de la nouvelle loi sur l'élevage. Le rôle de la sélection sera d'amener l'élevage à cet accroissement de rendement que réclame l'économie nationale. Il est clair, par ailleurs, que les résultats de la recherche des sujets de choix n'auront de valeur au point de vue de l'économie nationale que dans la mesure où ces sujets seront mis très largement à la disposition de l'ensemble des éleveurs. Nous avons certes, en Allemagne, des dizaines de milliers d'animaux de premier choix, mais le rapport moyen de la plus grande partie de notre cheptel est trop faible. Pour que l'élevage national puisse être amélioré par la sélection, il faut que le prix des sujets utilisés soient mis en harmonie avec les revenus de la grande masse des paysans. Il va de soi que les éleveurs de bêtes de choix devront obtenir la rémunération de leur travail. Faisons pourtant remarquer que la nécessité d'augmenter le rendement leur offre des possibilités de vente très accrues. Ce dont l'agriculture allemande a besoin pour augmenter sa productivité, c'est moins d'une petite quantité d'animaux aux possibilités très élevées, que d'une grande quantité de bêtes d'élevage aux caractéristiques moyennes. Il importe très peu, eu égard au but poursuivi, que chaque produit d'élevage n'atteigne pas au rendement idéal, mais il importe plus que le travail de l'éleveur de sujets de choix qui dure des décades puisse être utilisé dans la mesure la plus large possible pour l'ensemble du cheptel.

b) *Nourriture rationnelle.* — La deuxième mesure consiste à obtenir, en donnant les instructions et les conseils nécessaires, une nourriture rationnelle. Toutes les mesures tendant à une utilisation efficace des fourrages et particulièrement des aliments concentrés, dont il n'existe que des quantités limitées, doivent être encore perfectionnées.

c) *Les devoirs des éleveurs de petit bétail et d'animaux de basse-cour.* — Ils sont également très importants. Le problème, ici non plus, ne consiste pas à obtenir de meilleurs résultats par l'augmentation du chiffre des animaux, mais à accroître le rendement par animal. Le moyen jusqu'ici employé des crédits à l'achat de jeunes volailles et de poules de bonnes races a fait entièrement ses preuves et devra être encore développé à l'avenir. Il faut accorder à ce sujet une importance spéciale à l'installation convenable des animaux et aux conseils à donner aux éleveurs. Nous sommes tout particulièrement reconnaissants à l'Association Nationale des Éleveurs de petit bétail et d'animaux de basse-cour de ce qu'elle ait proposé de réduire l'aide du Reich par animal vendu dans la mesure où augmente le total de la vente des jeunes volailles. Des quantités assez importantes de fourrage ne peuvent, de par leur nature même, n'être utilisées que pour l'élevage du petit bétail et des animaux de basse-cour. Malheureusement le troupeau de chèvres, par exemple, a diminué. On a prévu, dans le cadre du plan de quatre ans, que l'élevage des chèvres, des lapins, etc., sera étendu dans une proportion considérable pour utiliser le fourrage qui ne peut absolument servir qu'à ces animaux. Il faut, à ce propos, faciliter tout particulièrement l'élevage des chèvres et des lapins aux travailleurs agricoles, aux habitants des cités ouvrières, et aux propriétaires de petits jardins. Mais, il faut exiger d'un autre côté qu'ils fournissent ce travail supplémentaire, qui non seulement leur rapportera, mais profitera à la communauté économique tout entière.

d.) *Utilisation totale des fourrages*. — A côté d'une alimentation rationnelle, l'utilisation totale des fourrages prend une valeur particulière. Le problème du salage des pommes de terre joue ici un rôle décisif, non seulement parce que ce procédé évitera les pertes provenant de l'ensilage, mais aussi parce qu'il permettra de continuer l'engraissement des porcs pendant l'été. La construction de fosses à salage et l'augmentation corrélative du nombre des étuveurs seront un point important du plan de quatre ans.

e) *Distillation des pommes de terre*. — Elle constitue une utilisation antiéconomique des fourrages. 2,3 millions de tonnes de pommes de terre sont encore transformées chaque année pour la plus grande partie en carburant, malgré le manque de fourrages. Ce problème sera résolu dans le cadre du plan de quatre ans, par la suppression, chaque année, du droit de distiller pour un certain nombre d'entreprises, en commençant par celles qui travaillent sur des marcs d'assez bonne qualité. La distillation ne sera tolérée que là où sa disparition empêcherait l'utilisation agricole des marcs. Mais ici aussi la plantation du lupin permettrait de lui trouver pour l'avenir un équivalent. On ne cherche nullement à obtenir par cette disparition du droit de distiller une diminution des superficies cultivées en pommes de terre, mais on veut que les pommes de terre produites soient au contraire utilisées pour engraisser les porcs. Des fabriques de flocons et d'amidons pourraient remplacer les distilleries dans la mesure où cela correspond à un besoin économique.

f) *De meilleures semences.* — Ce n'est pas seulement dans le domaine du cheptel et de l'alimentation des animaux qu'il faut utiliser avec économie les produits obtenus, mais aussi dans la culture. La sélection des semences doit, par analogie avec le rôle de l'élevage, profiter dans une bien plus large mesure à l'agriculture tout entière. Ici aussi les prix partiellement élevés des semences s'opposent à leur utilisation étendue. Mais la sélection des semences peut trouver dans la vente en gros une base d'existence absolument suffisante. On ne réussira à remplacer, dans une proportion considérable, les mauvaises semences par les bonnes qu'en pratiquant des prix aussi bas que possible. Les machines à nettoyer favoriseront en outre la solution du problème des soins à donner aux semences. L'utilisation plus fréquente de semoirs en lignes est également importante pour l'économie des semences.

g) *Organisation de laiteries.* — Une autre tâche du plan de quatre ans dans cette catégorie consiste à construire systématiquement des laiteries dans les domaines non encore ouverts à cette exploitation, mais dont la structure permet cette transformation.

Il s'agit d'obtenir dans cet ordre d'idées une augmentation de la production de beurre, et une amélioration de sa qualité. En même temps ce développement des laiteries permettra de contrôler plus facilement et plus efficacement la marchandise.

A côté des grandes tâches exposées il faudrait en citer toute une série de petites qui ne peuvent être mentionnées ici.

LUTTE CONTRE LE GASPILLAGE ET ORIENTATION DE LA CONSOMMATION. — A toutes ces mesures d'utilisation plus économiques de la production agricole correspond, dans le domaine urbain, la lutte déjà engagée contre le gaspillage. Comme ces mesures n'incombent pas à la paysannerie, elles ne peuvent être citées ici que brièvement. Le N. S. V. (8) a été chargé dans le cadre du plan de quatre ans de procéder au ramassage des déchets de cuisine, et à leur utilisation pour l'engrais. On vise non seulement à faire utiliser ces déchets jusqu'alors négligés, mais en même temps à éduquer ainsi la ménagère citadine de façon à ce qu'elle tienne son ménage avec plus d'économie et contribue à combler le déficit de la production en diminuant la consommation. Cette participation du consommateur au processus de la production a également une valeur éducative.

Le problème de l'orientation de la consommation est au moins aussi important que la campagne en faveur de la lutte contre le

---

8. — N. d. T. : Association nationale-socialiste dont l'activité s'exerce sur le plan social.

gaspillage. Il s'agit ici aussi de faire obstacle par des instructions et une éducation convenables à une augmentation inopportune de la consommation. Je veux parler du devoir que le Führer a défini ainsi dans sa proclamation de Nuremberg : « Orienter la consommation dans une direction où nous puissions la satisfaire avec les possibilités de notre production nationale. »

Un produit alimentaire aussi riche en albumines que le lait écrémé n'est plus utilisé par exemple que pour une part très restreinte dans l'alimentation humaine. Il s'agit donc, en consommant de tels produits alimentaires, de réduire la demande de ceux qui n'existent pas en quantité suffisante. Il importe surtout d'augmenter la consommation du poisson. A côté de l'accroissement considérable prévu pour la production de la pêche en haute mer et de la création d'un nombre suffisant de poissonneries, il faut aussi par l'éducation et la propagande présenter le poisson comme un produit d'une valeur égale à celle de la viande. Il ne s'agit pas seulement de manger beaucoup de poissons aux époques où la viande est rare, mais de faire prendre à sa consommation une place constamment accrue. Nous appuierons en outre cet effort d'éducation en limitant le ravitaillement en viande aux époques où le poisson abonde, de manière à mieux combler avec les quantités ainsi économisées et stockées le déficit saisonnier de l'été et de l'automne.

Comme nous l'avons dit plus haut, le ravitaillement en graisse de l'Allemagne est un problème très délicat, car un tiers environ des besoins en graisses ne peut être malheureusement satisfait, sur le marché mondial, que par l'exportation de devises. Il est inadmissible, dans ces conditions, que la consommation de matières grasses par personne soit encore aujourd'hui de 24 pour 100 plus grande qu'en 1913. Cette consommation élevée n'est pas répartie également sur toute l'Allemagne. Des provinces entières ont une consommation moyenne très réduite. Une consommation beaucoup plus grande de sucre, surtout sous forme de marmelade, comme en Bavière par exemple, va précisément de pair avec une consommation réduite de matières grasses. Inversement l'Allemagne du Nord dont la consommation de matières grasses est très élevée absorbe beaucoup moins de sucre. La possibilité d'alléger le bilan des matières grasses se fait déjà jour, car la graisse, contrairement aux albumines, peut en partie être remplacée sans danger par les hydrates de carbone. A côté du sucre que l'Allemagne peut produire en quantité suffisante, la pomme de terre dont le prix est bas, offre une autre source d'hydrates de carbone. Si j'ai examiné ici plus en détail le problème de l'orientation de la consommation, c'est parce qu'un devoir s'impose à ce propos aux ménages ruraux. La consommation des graisses peut, sans aucun danger, être réduite à la campagne. Le devoir de chaque ménagère campagnarde est d'utiliser, pendant le plan de quatre ans, tous les moyens d'économiser la graisse pour aider à résoudre ainsi le problème du ravitaillement en matières grasses, en rendant disponibles, à côté de l'augmentation de la production du beurre et du saindoux, les graisses économisées. La consommation de la viande doit de même être réduite à la campagne grâce à l'augmentation de celle du poisson.

LA MAIN-D'ŒUVRE. – Il est clair que les nouvelles tâches imposées à la paysannerie par le plan de quatre ans exigent presque toutes une augmentation de la main-d'œuvre. La bataille de la production menée jusqu'à présent et les mesures prises pour assurer notre puissance militaire ont déjà amené une disproportion entre les forces de travail disponibles dans l'agriculture et celles qui seraient nécessaires. En plus de la conclusion de contrats de travail à long terme, qu'il faut exiger de la paysannerie, d'autres mesures sont indispensables pour assurer le succès du plan de quatre ans, mesures qui auront pour but de faire disparaître cette disproportion autant qu'il est en notre pouvoir. Les causes du manque de bras dans l'agriculture sont connues. Le manque de travailleurs ne peut pas être entièrement comblé au cours du plan de quatre ans, car le déficit des matières premières en Allemagne exige l'utilisation de toutes les forces disponibles. Il s'agira par conséquent de mesures de secours transitoires auxquelles il faut néanmoins accorder pour l'avenir une importance essentielle.

a.) *Le Service du Travail.* — Une main-d'œuvre importante ne se trouve aujourd'hui disponible que dans le Service du Travail. L'utilisation renforcée de ce Service pour les récoltes correspond à la conception essentielle de son fondateur, le Führer du Travail allemand, Hierl, selon laquelle le but exclusif du Service du Travail, est le travail du sol allemand. La mise en sûreté des récoltes va naturellement de pair avec lui. Il faudra renforcer à l'avenir l'utilisation du Service du Travail pour garantir la production allemande, tout en lui conservant sa valeur éducative.

b) *Le service féminin du travail.* — L'aide à la moisson ne suffit pas, car, hélas ! surtout dans l'Ouest et le Sud-Ouest, mais aussi dans d'autres provinces, cette aide temporaire est insuffisante, et il faut prendre des mesures qui satisfassent le besoin constant de main-d'œuvre dans les exploitations rurales. Il faut par conséquent, comme l'a proposé le Führer du travail, organiser au maximum le service féminin du travail qui dans la pratique a fait brillamment ses preuves, de manière à faciliter à la ménagère rurale, déjà surchargée de besogne, l'exécution des tâches nouvelles. Les difficultés pratiques d'installation et celle de la formation des chefs peuvent et doivent être résolues. Il n'est que juste de faire participer aux frais provoqués par les aménagements nouveaux ceux à qui ces mesures viennent en aide.

c) *Logement des travailleurs agricoles*. — Il est prévu, comme autre mesure, dans le cadre du plan de quatre ans, une augmentation de la construction des logements pour les travailleurs agricoles. Il faut cependant tenir compte, à ce sujet, de ce que le marché du bâtiment sera très réduit par les constructions du plan de quatre ans. Ces mesures apporteront un allègement très grand. Soulignons pourtant dès maintenant que le problème de la main-d'œuvre agricole ne peut être résolu par la seule aide de l'État. L'éloignement toujours croissant du marché mondial oblige l'Allemagne à organiser ses forces internes. C'est là la cause du manque de main-d'œuvre qui se manifeste déjà. Il faut espérer qu'après l'achèvement du plan de quatre ans, des forces productives seront libérées qui trouveront alors leur emploi dans l'agriculture. Celle-ci doit donc mener à bien la rationalisation dictée par l'économie nationale.

d) *Économie de main-d'œuvre*. — Toutes les mesures tendant à économiser la main-d'œuvre doivent être prises sans nuire jamais à l'intensité du travail qui doit s'accroître constamment. Quelles sont les disponibilités de l'agriculture en cette matière ? En Allemagne, dans ces dernières décades, elle ne s'est pas trouvée à cause de la concurrence extérieure, en mesure de profiter des bienfaits de la technique.

Il faut, à ce propos, rappeler les faits essentiels suivants : si, à l'époque de la lutte pour le pouvoir, nous avons pris position contre la tendance à la rationalisation qui se manifestait dans l'agriculture, ce n'est pas parce que nous sous-estimions la valeur d'une utilisation rationnelle de la main-d'œuvre et l'augmentation de rendement qui en résulte, mais parce que cette rationalisation était uniquement inspirée par l'intérêt particulier, conçue sur le plan de l'économie privée, et devait pour cette raison déjà se retourner contre le peuple tout entier. En effet, aucune possibilité d'occuper la main-d'œuvre ainsi libérée n'était créée, et l'on ne s'en souciait absolument pas. Le peuple allemand est aujourd'hui placé sous le signe de l'augmentation nécessaire de la production. Ceci explique pourquoi la rationalisation de l'économie nationale est nécessaire et justifiée. Comme la rationalisation pratiquée jadis dans l'économie privée par l'intérêt particulier n'aboutissait qu'à une augmentation du chômage, et imposait ainsi une lourde charge à l'économie nationale, elle devait forcément échouer. Elle ne conduisit pas à une amélioration dans l'organisation des entreprises, mais essentiellement à un accroissement de l'endettement agricole. Cet alourdissement du fardeau de la dette était favorisé à l'époque du « système » par les prix élevés des produits agricoles, car ceux-ci entraînaient l'accord de crédits qui n'étaient jamais justifiés au point de vue de l'économie nationale.

Aujourd'hui, par contre, la rationalisation est logique et elle est rendue possible par la stabilité des prix. Ainsi est créée une des conditions essentielles de l'emploi accru des moyens techniques dans les exploitations agricoles. Il faudra par conséquent introduire les machines nécessaires non seulement dans les grandes exploitations comme ce fut le cas jusqu'à présent, mais aussi dans les petites. L'aide financière éventuelle aux exploitations qui ne peuvent pas elles-mêmes acheter les machines indispensables, constituera une des tâches particulières du plan de quatre ans. L'augmentation de son débit, et son financement assuré, permettront à nouveau à l'industrie des machines agricoles d'établir d'elle-même des prix plus bas et mieux adaptés aux conditions du marché.

e-) *Moteur et électricité: sources de puissance.* — Il s'agira surtout de rendre l'énergie du moteur et celle de l'électricité utilisables dans une plus large mesure par l'agriculture allemande. C'est pourquoi il faudra attacher dans le cadre du plan de quatre ans une importance particulière à la production des petites remorques. Il est clair que la consommation de l'électricité dans l'agriculture peut être augmentée un grand nombre de fois. C'est là justement que se trouve les possibilités d'allègement du travail des exploitations agricoles, et surtout de celui de la ménagère. Citons seulement : les pompes à eau, les chaudières à pommes de terre, les coupe-fourrage, les pompes à purin, les réservoirs d'eau chaude, les machines à laver, etc. Le développement suffisant de la machine à traire électrique a une importance particulière. Malheureusement le prix élevé du courant s'opposait jusqu'à présent à l'emploi de toutes ces machines. On a prévu dans le cadre du plan de quatre ans l'élimination de cette difficulté. Je voudrais souligner particulièrement que ce n'est pas le rôle du plan de quatre ans de tolérer comme on le faisait, autrefois, la lutte d'une profession contre une autre, sur le terrain des prix.

Tous ces problèmes des prix, qui sont très sérieux, ne peuvent être résolus que dans le cadre d'une conception de l'économie liée au peuple, c'est-à-dire que si chacun reste sur le terrain de ses devoirs économiques, et par son attitude oblige les autres à reconnaître la valeur générale de ces devoirs. Les difficultés relatives à la main-d'œuvre ne sont pas méconnues par le Président Göring chargé de l'exécution du plan de quatre ans. Il ne faut cependant pas oublier que les devoirs imposés par le Führer à l'économie allemande, au cours de ces quatre années, exigeront de l'ensemble du peuple allemand, et dans tous les domaines, une énorme augmentation de la production. Des difficultés surgiront certainement au cours de l'application du plan de quatre ans, mais les difficultés sont là pour être surmontées. La paysannerie et l'agriculture allemandes doivent prendre à leur compte les efforts supplémentaires qui s'imposent, comme leur participation à l'accomplissement de la tâche fixée par le Führer et en reconnaissance de ce qu'il a fait pour le peuple et la paysannerie.

B. — **La politique des stocks.**

Ce deuxième point de vue, l'organisation d'une politique des stocks, est aussi important que le premier, l'augmentation de la production. Comme je l'ai déjà démontré au début, le retour de l'économie mondiale à l'économie nationale exige une forte organisation de la politique des stocks. Nous avons exposé le rôle de la paysannerie quant à cette politique. Je rappelle simplement le salage des pommes de terre, les silos à fourrages verts, l'emmagasinage privé des fourrages. L'État s'occupera lui-même des mesures, qui dans le domaine de la politique des stocks, doivent être prises pour assurer le ravitaillement national, dans le cadre du plan de quatre ans. Il s'agit essentiellement de développer la construction de greniers à céréales et de frigorifiques pour la viande, le beurre, les œufs, les légumes, etc. En outre, toutes les questions relatives à la mise en conserve et aux soins à donner aux stocks, doivent recevoir une solution aussi large que possible. Le service des recherches et les Instituts d'État existants y pourvoieront.

C. — **L'attitude nationale-socialiste.**

J'ai défini le cadre des tâches matérielles à accomplir par le plan de quatre ans. Il s'agit pour une part de mesures que la paysannerie doit mener seule à bien, en étendant encore plus la bataille de la production, pour une autre de devoirs d'ordre purement étatique, et pour une troisième d'un allègement grâce à l'aide de l'État des tâches nouvelles imposées à la paysannerie. Toutes les tâches définies doivent être accomplies. Il faut pourtant laisser au Président Göring chargé de l'exécution du plan de quatre ans, le soin de placer au premier plan comme un devoir essentiel, telle ou telle mesure, de pousser en avant certaines tâches, d'en faire reculer d'autres, de compléter ou de modifier le plan.

Appliqué au domaine du ravitaillement, le plan de quatre ans ne représente en effet qu'une partie de l'ensemble du plan quadriennal et doit logiquement être intégré dans son cadre général. Il faut nous rendre compte que pour triompher de ces obligations matérielles, le remplacement du principe économique libéral par le principe national-socialiste est à lui seul insuffisant et que le peuple tout entier doit changer d'attitude vis-à-vis des problèmes économiques.

IDÉALISME AU LIEU DE MATÉRIALISME. — Il y a encore aujourd'hui en Allemagne des gens qui jouent les conseillers et prétendent résoudre le problème de l'accroissement de la production par la seule augmentation des prix. Ces conseillers oublient qu'ils défendent ici une thèse depuis longtemps dépassée par le national-socialisme car l'excitation de l'intérêt particulier par l'augmentation des prix incite bien à l'accroissement de la production, mais il l'étrangle en même temps, du fait que les prix élevés empêchent de larges couches de la population d'acheter les excédents produits. Le plan de quatre ans est fait pour le peuple allemand et non pour une partie de ce peuple : les producteurs. Son but est justement de garantir que les besoins du peuple allemand tout entier seront satisfaits.

L'appel au matérialisme est le trait caractéristique de l'époque libérale révolue. Le libéralisme est mort précisément de ce qu'il ne croyait qu'au matérialisme et à l'intérêt particulier. Il a été vaincu par un mouvement qui voulait s'appuyer sur l'idéalisme, sur l'esprit de travail des hommes, même sans espoir de contrepartie matérielle. Le mouvement national-socialiste s'est montré plus fort que le libéralisme et il ne songe pas à s'écarter du principe qui l'a mené à la victoire) Il s'agit de- faire pénétrer toujours plus profondément »dans le peuple les mots d'ordre qui avaient pour nous une valeur décisive à l'époque de la lutte pour le pouvoir. L'augmentation de la production que la paysannerie et l'agriculture allemande tout entière doivent obtenir dans le cadre du plan de quatre ans ne peut résulter, par conséquent, que d'une attitude nationale-socialiste. Notre idéal n'est pas le cultivateur armé d'un crayon pour ses calculs et qui veut profiter de chaque conjoncture particulière résultant d'un rapport de prix occasionnel. Nous voulons un type de paysan qui dirige tous ses efforts vers l'accroissement de la force productrice de sa ferme, même s'il fait passer ainsi son intérêt particulier après le bien de la communauté. C'est en effet seulement si la communauté vit qu'il trouvera la garantie de son existence et la rémunération de son travail. Nous ne méconnaissons pas le fait que souvent les tâches nouvelles seront dures pour le particulier, mais le devoir de sauver l'Allemagne, que le Führer s'est imposé, serait-il facile ?

Deux principes économiques. – On entend souvent demander dans les milieux agricoles pourquoi l'agriculture doit seule faire des sacrifices, et l'on entend par là le fait que les prix taxés l'empêchent de profiter de la raréfaction des produits. J'ai déjà déclaré, ici même, voici deux ans, qu'il y a deux principes économiques en Allemagne : le principe national-socialiste dans le secteur agraire, et le principe libéral dans le reste de l'économie. J'ai expliqué à l'époque que la tendance totalitaire vaut aussi pour les principes économiques et que la coexistence de deux principes ne peut se produire que dans les périodes de transition. Notre principe économique est le principe national-socialiste parce qu'il garantit l'existence du peuple et qu'il cherche à l'assurer pour l'avenir. Je voudrais demander à celui qui ne comprend pas que des tâches spéciales aient été imposées à la paysannerie comment le principe national-socialiste aurait pu triompher sans qu'une partie de l'économie, et dans le cas qui nous occupe l'économie agricole, ne le mette en application et ne commence à le faire vivre. La subsistance du principe libéral n'était qu'un stade intermédiaire qui devait s'achever dès le moment où les divergences de vues issues de la conception populaire du national-socialisme se manifestèrent sur le terrain économique et eurent pour conséquence que l'application du plan de quatre ans fut confiée à Göring. L'importance de cette tâche est démontrée par un article de la *Gazette de Francfort* du 30 octobre 1936, intitulé « L'appel de Göring.» On y déclare : « Malgré tout, le début du plan de quatre ans représente pour l'Allemagne un moment de réflexion sérieuse ; le succès de l'application d'un tel programme impose une très lourde tâche au système de l'économie privée et à tous ceux qui y déploient leur activité comme producteurs, commerçants ou consommateurs. Il leur faudra apprendre, dans un temps rapproché, à orienter leurs idées économiques dans un tout autre sens qu'on a l'habitude ou l'obligation de le faire dans des circonstances normales. Doit-on acheter ? Et quelles quantités de marchandises ? Comment calculer ses prix ? Comment répartir la marchandise ? Comment l'utiliser et la consommer ? Voilà des questions à propos desquelles le peuple tout entier, mais avant tout les chefs d'entreprise, doivent faire passer au second plan désirs et besoins et tenir toujours un compte exact des répercussions de leur activité sur l'ensemble du marché. »

UNE ÉCONOMIE NOUVELLE ISSUE D'UN ESPRIT NOUVEAU. – On ne peut construire une économie nouvelle qu'en partant d'un esprit nouveau, d'une attitude nouvelle. Une telle attitude prise par le peuple tout entier nous garantira que le deuxième plan quadriennal sera réalisé aussi bien que le premier. Cette attitude nouvelle n'est pas seulement nécessaire pour les tâches à résoudre dans le plan de quatre ans. La situation de l'Allemagne, au point de vue des matières premières, provoquera certainement au cours de cette période de transition maintes difficultés et maintes raréfactions de produits. Ces difficultés ne peuvent être vaincues que si, tous, nous trouvons le chemin d'une attitude nouvelle. L'on prétend que la guerre a été perdue parce que le ravitaillement du peuple allemand s'est réduit de plus en plus d'une année à l'autre. C'est ainsi que l'esprit et la force de résistance du peuple auraient été brisés. Il est certain que pendant la grande guerre la sous-alimentation du peuple avait atteint un degré insupportable, mais il est tout aussi exact que ceux qui justement s'amollirent et se révoltèrent les premiers n'étaient pas ceux qui faisaient les plus grands sacrifices de leurs biens et de leur sang, mais au contraire des individus dont l'existence était parfaitement assurée. Il était facile du point de vue matérialiste, donc libéralo-marxiste, de prétendre que la misère et les sacrifices devaient abattre l'esprit. C'est beaucoup plus parce que celui-ci avait été ébranlé par la guerre mondiale et que le peuple n'avait pas pris une attitude nouvelle vis-à-vis de la communauté nationale, que la misère et les privations parurent insupportables et conduisirent à l'effondrement. Le national-socialisme a vaincu, malgré misère et privations, parce que l'esprit a triomphé de la matière, et que la matière n'a pas donné sa forme à l'esprit.

Il me semble donc que ce n'est pas le manque absolu de ravitaillement qui fut la cause de la catastrophe d'alors, mais l'absence, dans de larges couches du peuple allemand, d'une attitude morale vis-à-vis de la communauté nationale. C'est seulement ainsi que se produisirent entre les groupes et les individus des différences de ravitaillement telles que leur communauté fut détruite. Aucun système de répartition aussi perfectionné et bien organisé soit-il, ne peut, même approximativement, attribuer à chacun ce qui lui revient d'une façon aussi juste que le fera l'attitude de chaque concitoyen qui tient compte de la communauté ; pour cette raison déjà qu'une norme imposée d'en haut ne crée pas la force morale mais la limite, qu'elle détruit la conscience du devoir et l'esprit de sacrifice et ébranle la structure organique du peuple.

Si, avec l'actuelle pénurie de devises, le Führer a exigé que ceux dont les ressources sont restreintes soient sûrs de pouvoir se procurer les matières grasses à bon marché, ce n'est pas parce qu'il voyait là la solution organique d'un phénomène de disette, mais parce que l'attitude que le peuple doit avoir en face de tels phénomènes ne se manifeste pas encore. La plus grande tâche du plan de quatre ans sera probablement de la faire naître. La raréfaction des produits alimentaires constitue donc la pierre de touche de l'attitude du peuple tout entier, et en particulier de celle de la paysannerie. Il est facile de venir à bout de la raréfaction des produits, si elle n'est pas exploitée pour se procurer des avantages particuliers par le jeu des prix. Que la paysannerie ait conscience de ce grand devoir moral et non seulement le plan de quatre ans réussira, mais toutes les difficultés qui surgiront seront aussi vaincues. De même que la bataille de la Production de 1934 a précédé la tâche imposée aujourd'hui par le plan de quatre ans et que la paysannerie est devenue ainsi le champion de l'organisation économique nationale-socialiste, il faut que l'éducation en vue d'une attitude nouvelle soit donnée d'abord à la paysannerie si l'on veut qu'elle triomphe dans le peuple tout entier. Je voudrais terminer par les mêmes mots qu'il y a deux ans, à cette même place : « Quand même les difficultés devraient s'entasser sur la voie de l'accomplissement de cette tâche, n'oubliez pas ceci : il y a au bout le travail accompli pour le peuple. »

(Discours au IVe Congrès des Paysans allemands, Goslar, 28 novembre 1936).

CHAPITRE II

LE RÔLE DE LA PÊCHE

Cinquante ans représentent un laps de temps qui donne le droit de jeter un regard sur le passé sans que l'on courre par là le risque d'oublier les taches de l'avenir. Quand, il y a cinquante ans, ce hardi pionnier de la pêche en haute mer, Frédéric Busse, envoya le premier vapeur de pêche allemand dans la mer du Nord, personne n'imaginait certes quelle branche importante du ravitaillement national, la pêche en haute mer allait devenir en peu d'années. Ce petit « *Smeukewer* » qui au début devait gagner sa vie à côté de la pêche comme remorqueur et comme bateau de sauvetage, était honni et méprisé par les groupements de pêcheurs à la voile. Mais bientôt l'idée de l'armateur Busse s'imposa. Cinq ans plus tard, nous possédions déjà 20 vapeurs, et 100, dix ans après, répartis entre les grands ports de pêche, à l'embouchure de la Weser et de l'Elbe. Par un développement tranquille et constant, la flotte s'éleva jusqu'au début de la guerre à 250 vapeurs. Pendant la guerre, la flotte des vapeurs de pêche et ses équipages ont rempli d'une façon exemplaire leur devoir envers la patrie. De nombreux navires furent perdus, beaucoup de constructions neuves furent entreprises. Aujourd'hui, nous disposons d'une fière flotte de 350 bateaux qui peut-être ne peut se mesurer encore pour le nombre avec celles d'autres pays, mais qui pour sa valeur et son équipement peut figurer dignement à côté de n'importe quelle autre flotte de pêche au monde. Les vapeurs les plus récents sont pourvus, aussi bien que les paquebots modernes, de tous les perfectionnements techniques. Cette flotte est montée par des équipages de marins endurcis, qui dans toutes les occasions ont montré, en accomplissant fidèlement leur devoir, la confiance que l'on peut avoir en eux. La pêche en haute mer est une excellente école pour le recrutement de notre marine de guerre et de commerce.

L'organisation de nos ports de pêche a suivi celle de la flotte. Le port de pêche de Wesermünde qui est le plus grand de toute l'Allemagne et tient une des premières places parmi les ports de pêche européens, a été fondé voici quarante ans. Nos ports peuvent, eux aussi, pour leur équipement technique, leur organisation et leur propreté, se mesurer dignement avec n'importe quel port étranger. En 1890 le commerce total de nos ports de pêche s'élevait à 40.000 quintaux pour une valeur de 1.500.000 marks, en 1900 il atteignait déjà 600.000 quintaux, pour une valeur de 16 millions et la dernière année avant la guerre 1 million de quintaux et 26 millions de marks. Il s'élève aujourd'hui au chiffre énorme de 4 millions de quintaux, pour une valeur annuelle d'environ 70 millions.

L'accroissement des quantités débarquées exigeait la recherche de fonds plus éloignés et plus productifs. Au début, nos vapeurs pêchaient dans la Baie allemande de la mer du Nord, mais bientôt leur domaine s'étendit à toute la grande mer du Nord. Très vite, nos vapeurs fréquentèrent les fonds islandais, et plus tard les bancs plus éloignés de la mer de Barents et de l'Île des Ours. On a réussi ainsi à augmenter pas à pas la part de la pêche allemande en haute mer dans la satisfaction de l'ensemble des besoins de l'Allemagne en poisson. Alors que pendant l'année 1913, 38 pour 100 seulement de la consommation totale provenait des prises allemandes, 69 pour 100 purent être fournis l'année dernière par notre pêche en haute mer.

Ces résultats sont d'autant plus admirables qu'à la même époque se produisit une augmentation considérable de la consommation qui passa de 7 kg 500 à 10 kilogrammes par tête et par an. Les prises allemandes sont passées depuis l'avant-guerre de 187.000 tonnes à 456.000. Elles ont donc été multipliées par 2,5.

Je sais qu'à ce propos il fallut vaincre pendant des années les difficultés les plus grandes. La chute des prix et l'insécurité des débouchés s'opposaient malheureusement trop souvent à ce développement. Depuis la prise du pouvoir par le national-socialisme, un changement fondamental s'est produit. La pêche allemande en haute mer n'est plus aujourd'hui une affaire privée d'armateurs, qui voient leur devoir principal dans la recherche d'une rentabilité aussi élevée que possible de leurs entreprises. Elle a été intégrée dans le front de celles qui doivent le plus possible assurer le ravitaillement de notre peuple, indépendamment de l'étranger. Le rôle de la pêche allemande en haute mer est ainsi devenu primordial au point de vue de l'économie nationale et a pris le pas sur son rôle au point de vue de l'économie privée. En raison de la grande valeur nutritive du poisson et de la possibilité de compenser la pénurie de produits dans d'autres domaines par une augmentation de sa consommation, le gouvernement du Reich a cherché depuis 1933 à favoriser l'organisation de la pêche en haute mer et a soutenu les efforts visant à augmenter la consommation du poisson.

L'Allemagne n'est plus le débarcadère des excédents mondiaux de poisson qu'on ne pouvait entreposer ailleurs. Nous devons au contraire utiliser toutes les occasions qui nous sont données pour atteindre la satisfaction complète de nos besoins en viande en augmentant notre production nationale. Comme cela n'est pas entièrement possible pour la raison naturelle que la superficie de notre sol est limitée, il faut que la consommation du poisson prenne une place égale à celle de la viande. Le poisson est un aliment riche en albumines, au même titre que la viande. Vous m'approuverez par conséquent, si je dis que cette nouvelle situation de la pêche offre de grandes possibilités, mais impose aussi de lourdes tâches. Une comparaison avec les autres pays nous montre qu'aucune limite n'est encore posée à l'accroissement de la consommation du poisson. Je suis persuadé que, vous aussi, avez reconnu toute la portée de cette nouvelle tâche de l'économie nationale et que vous emploierez toutes vos forces à la réaliser, de même que dans le passé vous avez été à la tête du développement brillant de la pêche allemande en haute mer, vers lequel nous pouvons aujourd'hui nous retourner fièrement.

Depuis 1934, l'agriculture allemande est en pleine bataille de la production. On a réussi par de grands efforts à satisfaire les besoins de l'Allemagne en produits alimentaires pour plus de 80 pour 100 par notre production nationale. Je me sais d'accord avec vous pour affirmer que la pêche allemande en haute mer mettra tout en œuvre non seulement pour réduire au minimum, par une augmentation de ses livraisons, la somme de devises encore nécessaire pour l'importation du poisson, mais aussi pour apporter en tendant toutes ses forces sa participation à la bataille de la production. Il est certain que cette bataille commencera par faire naître dans les différents domaines de l'économie de nouvelles difficultés techniques et d'organisation. Mais les difficultés surgissent avec chaque tâche nouvelle, elles sont là pour être vaincues, et la pêche en haute mer a justement démontré dans le passé qu'elle savait en triompher. La pêche allemande en haute mer sera également à bref délai en état de satisfaire par ses livraisons plus de 80 pour 100 des besoins de l'Allemagne en poisson. Je ne doute pas que vous accomplissiez cette tâche, car il vous est permis comme aux pêcheurs de chaque nation, de pêcher les quantités des poissons de mer qu'il vous plaît. La pêche en haute mer ne souffre pas des limitations que l'exiguïté et la pauvreté du sol allemand imposent à l'agriculture dans la bataille de la production. Je vous prierai pourtant de bien vouloir vous rendre compte de ceci : nous devons par l'organisation de la réglementation du marché arriver à une stabilité des prix du poisson identique à celle que nous avons obtenue pour les produits agricoles les plus importants. C'est de cette façon seulement que peut être provoquée une augmentation durable de la consommation du poisson, et par là obtenue une base large et sûre pour la pêche en haute mer. Je ne méconnais pas que maintes fois, à l'époque du libéralisme, vous avez été le jouet de spéculations arbitraires, et que souvent sous l'empire exclusif de la loi de l'offre et de la demande, vous avez manqué de trouver la juste rémunération de votre dur labeur. Aujourd'hui existent de larges possibilités d'augmenter vos prises. Eu égard à la consommation totale de l'Allemagne en viande et en poisson, elles ne seront jamais suffisantes. Il faut pourtant obtenir la stabilité des ventes, et par là la stabilité des prix. Seul un prix juste et aussi stable que possible vous assurera la récompense de votre pénible travail, et tiendra compte en même temps de la situation des consommateurs. Une telle politique des prix peut suffire par elle-même à assurer le succès que nous désirons tous. De même que la bataille de la production agricole et la stabilité des prix sont en corrélation étroite, la stabilité des prix du poisson et l'accroissement de la participation de la pêche à notre ravitaillement forment un tout indissoluble. La pêche en haute mer qui respectera ces principes sera soutenue par la confiance et la force du peuple tout entier et de son gouvernement. Ce sera son devoir de prendre à sa charge, dans le cadre du plan de quatre ans, une tâche économique particulièrement décisive. En l'imposant le gouvernement reconnaît les résultats obtenus dans le passé, car l'on n'impose de tâches qu'à ceux qu'on sait posséder aussi le courage, la force, les capacités et l'opiniâtreté nécessaires à leur accomplissement. Je sais que c'est votre volonté bien arrêtée de travailler dans ce sens, pour la nation, encore plus que dans le passé.

Je crois donc avoir, au nom du gouvernement, le droit de souhaiter pour l'avenir, à la pêche en haute mer, une navigation toujours heureuse, sous le fier pavillon de l'Allemagne nouvelle.

(Discours prononcé le 25 octobre 1936, à l'occasion
du cinquantième anniversaire de la pêche
en haute mer, à Wesermünde.)

CHAPITRE III

LA LUTTE CONTRE LE GASPILLAGE

Quand le Führer prit le pouvoir, en 1933, l'économie nationale était en ruines. Le peuple souffrait du chômage à un point que l'Allemagne n'avait pas encore connu. Nous savions déjà à ce moment-là que pour la reconstruction de l'Allemagne, nous ne pouvions compter que sur nos propres forces. Nous sommes partis du principe d'expérience qui affirme que celui qui s'abandonne aux autres est abandonné. Nous avons agi au contraire d'après le dicton « Aide-toi, le ciel t'aidera. » Faisant confiance à notre force, nous nous sommes mis au travail, et nous avons réussi. Personne au monde ne peut plus nier notre succès dans les deux grandes tâches auxquelles sur l'ordre du Führer, nous nous attaquâmes d'abord : sauver le travailleur allemand de la misère et du chômage, et la paysannerie allemande de l'anéantissement. L'un et l'autre de ces désirs sont devenus aujourd'hui réalité. Tous les esprits critiques qui disaient, en 1933, que nous n'atteindrions jamais ces buts élevés par nos propres moyens, doivent avouer maintenant que, malgré leur scepticisme, par une tension de toutes nos forces, le premier plan de quatre ans du Führer est accompli. La désintégration croissante de l'économie mondiale, dans ces dernières années, a montré aussi combien il était juste de ne pas attendre pour reconstruire l'aide de l'étranger, mais de se mettre au travail avec ses propres forces. Si nous avions écouté ceux qui disaient que seule une nouvelle ère de prospérité mondiale pouvait nous sauver, nous attendrions encore en vain, et vraisemblablement nous aurions été entre-temps victimes du bolchevisme. Là où, ces dernières décades, des pays qui jadis étaient purement agricoles ont édifié une industrie nationale, les possibilités d'exportation des produits industriels allemands ont disparu. Toute tentative d'étendre nos exportations au delà des étroites frontières qui lui sont aujourd'hui tracées, se heurte partout dans le monde aux plus grandes difficultés. Nous sommes par conséquent, aujourd'hui comme en 1933, et probablement plus encore, *réduits à nos seuls moyens* si nous voulons affirmer notre existence nationale. C'est pourquoi le Führer a annoncé le plan de quatre ans à Nuremberg afin que reste malgré tout possible un développement tranquille et continu de notre économie nationale. Ordre nous est donné par là d'accroître encore plus nos forces dans tous les domaines et de les amener au niveau élevé qu'exige l'économie nationale. La paysannerie qui depuis 1934 livre avec succès la bataille de la production pour assurer le ravitaillement national a été appelée une nouvelle fois à la lutte par le Führer lui-même le jour de la Fête de la Moisson et invitée à fournir son effort maximum.

Malgré tous les efforts de l'agriculture allemande, nous ne pouvons pas, dans l'état actuel de la production, et selon les derniers calculs de l'Institut pour l'Étude de la Conjoncture, satisfaire plus de 81 pour 100 de nos besoins sur notre propre sol. On voit clairement combien ce résultat est magnifique, si nous pensons que par comparaison, en 1927, 65 pour 100 seulement de nos besoins ont été couverts par la production nationale, que depuis la prise du pouvoir, plus de 6 millions de nos concitoyens ont retrouvé du travail et élevé ainsi leur puissance d'achat, et qu'en outre l'augmentation annuelle du chiffre de la population rend nécessaire un accroissement considérable de la production, pour que les besoins individuels soient toujours également satisfaits. Il nous est difficile de nous procurer, par l'importation, les produits alimentaires qui nous manquent encore étant données les possibilités limitées d'exportation. Le peuple allemand a souffert malheureusement de cette difficulté, qui s'est traduite par la raréfaction occasionnelle de telle ou telle denrée. Il n'est pas facile, en effet, de maintenir en équilibre par ses seuls moyens *le rapport économique* : consommation de produits alimentaires = production alimentaire + importation, en agissant sur le côté production et importation. Nous nous sommes efforcés jusqu'à présent de rétablir cet équilibre en augmentant la production et en diminuant l'importation. Nous voulons pour l'avenir nous en tenir dans l'intérêt de la bataille du travail à une importation aussi réduite que possible et par conséquent à une production encore accrue grâce à la bataille de la production.

La deuxième possibilité de rétablir l'équilibre entre consommation de produits alimentaires d'une part et production + importation de l'autre, est d'adapter la consommation aux quantités de denrées alimentaires disponibles du fait de la production et de l'importation. Si nous étudions en partant de ce principe la structure de la consommation des denrées alimentaires, et si nous recherchons de quelle manière elle peut être réduite, nous nous heurtons d'abord à un gros consommateur inconnu : le gaspillage. L'équation doit alors s'écrire avec plus de précision : production + importation = consommation humaine de produits alimentaires + gaspillage. Les denrées dont nous disposons ne sont pas consommées seulement par 68 millions d'Allemands mais aussi par la grande armée des ennemis de notre nourriture : le gel, la chaleur, les microbes, les insectes, les rats, les souris, et tous tant qu'ils sont. Ces ennemis nombreux dévorent chaque année pour un milliard de marks de denrées alimentaires, ce qui correspond presque à la valeur de nos importations de ces produits en 1935. Nous gavons chaque année un *consommateur* effroyablement avide, mais *totalement inutile*, qui réclame pour lui un huitième de la valeur totale de la production agricole actuelle, sans que nous cherchions même à discuter sérieusement cette exigence. Si nous engageons la lutte contre ce consommateur : le gaspillage, avec toute notre énergie, nous pourrons influencer très efficacement le rapport entre nos besoins et les quantités disponibles du fait de la production nationale et de l'importation en agissant sur le côté consommation. Il nous suffira de mettre à la portion congrue et d'affamer l'armée composée des millions d'ennemis de nos denrées alimentaires, cause d'un gaspillage considérable.

Je ne m'abandonne pas à l'espoir d'éliminer radicalement le gaspillage de notre ravitaillement par une lutte, si étendue soit-elle. Mais si, dans chaque cuisine, dans chaque cave, dans chaque entreprise et dans chaque auberge, dans chaque grenier, dans chaque frigidaire et bien aussi dans chaque ferme, la lutte contre le gaspillage est menée avec énergie et si l'on réussit ainsi à le diminuer, ne serait-ce que d'un tiers, le résultat atteint se répercutera déjà favorablement sur la balance de notre commerce extérieur.

Je salue avec reconnaissance la ville de Cologne qui, en organisant cette exposition, s'est mise à la tête de l'avant-garde de ceux qui luttent contre le gaspillage. Elle n'appelle pas seulement à la lutte contre le gaspillage des denrées alimentaires qui m'est particulièrement chère, en tant que Secrétaire d'État du Ministère intéressé — et dont je me suis permis d'exposer en détail toute l'importance, — mais elle déclare en même temps la guerre au gaspillage et à la dilapidation des matières industrielles, guerre qui, selon le plan de quatre ans, favorisera dans l'industrie aussi, une meilleure utilisation des produits existants et une réduction des importations. Cette extension de l'exposition au domaine industriel doit être saluée avec une reconnaissance toute particulière, en raison des grandes tâches imposées par le nouveau plan de quatre ans. Je suis persuadé qu'elle aidera dans une mesure qui n'est pas négligeable à fortifier et à développer, dans le peuple et dans l'économie, des forces qui, lors de la prochaine étape, nous serons indispensables. C'est pourquoi, je vois dans l'Exposition de Cologne « La lutte pour 1,5 milliard de marks », une manifestation particulièrement intéressante. Elle n'est pas à elle-même son propre but, comme jadis tant de foires, mais elle sert une grande tâche en voulant appeler et inciter à servir le peuple tout entier. Les rigueurs de notre temps montrent peut-être plus clairement que jamais qu'il ne s'agit pas seulement de se rallier au Führer et d'approuver le mouvement, mais beaucoup plus d'agir dans la vie quotidienne aussi en national-socialiste. Le peuple tout entier doit lutter de plus en plus pour s'imposer, même dans les détails de chaque jour, une attitude nationale-socialiste, comme le Führer nous en donne le vivant exemple. On ne peut faire aucune différence entre la participation au secours d'hiver, le respect des prix imposés, l'esprit de camaraderie envers nos concitoyens et, tout aussi bien, la lutte contre le gaspillage. Il est facile au vrai national-socialiste d'être de par son attitude même à la hauteur des très lourdes tâches qui lui sont imposées. Le Chef des Paysans allemands, le Ministre Darré, a fait prêter au Conseil des Paysans allemands le serment au Führer par la formule suivante : « Agis toujours en Allemand, de façon à servir d'exemple à ton peuple. » Puisse cette exposition que j'ai l'honneur d'inaugurer ici, aider à éduquer notre peuple dans ce sens !

(Allocution prononcée à l'occasion de l'ouverture de
l'Exposition de la « Lutte pour 1,3 milliard de marks »,
Cologne, 23 octobre 1936.)

CHAPITRE IV

UN MOYEN D'AMÉLIORER NOTRE RAVITAILLEMENT

Les pénuries de denrées qui se produisent dans le domaine alimentaire sont le signe que les besoins du peuple allemand en la matière ne correspondent pas aux possibilités que nous avons de les satisfaire, c'est-à-dire à la production nationale et à l'importation des denrées alimentaires. Lorsque dans n'importe lequel des secteurs du ravitaillement de telles raréfactions se font sentir, les ménagères et les revendeurs sont trop souvent enclins à en rendre l'agriculture allemande responsable. Ils croient que l'insuffisance de la production est la cause de la rupture d'équilibre du rapport : « consommation = production + importation. » La difficulté de réaliser un tel équilibre a été vue par le national-socialisme, dès avant la prise du pouvoir. Elle devait s'accroître d'autant plus que dans l'équation : consommation = production + importation, la consommation augmentait par la remise au travail de millions de chômeurs et l'élévation du chiffre de la population et que l'importation se heurtait — du fait de la situation bien connue de notre marché des devises — à des obstacles toujours plus nombreux.

La claire notion de cette situation souligna, dans la politique agraire du national-socialisme, la nécessité d'augmenter la production des denrées alimentaires. L'appel à la bataille de la production, lancé par le Führer des Paysans allemands, en 1934, à une époque où existait dans tous les secteurs du ravitaillement en raison des importations antérieures un excédent de produits qui constituait une gêne partielle, fut la conséquence de cette idée. Le Führer a fait ressortir pour le peuple tout entier les résultats obtenus depuis lors par l'agriculture, en disant dans sa proclamation de Nuremberg : « Ce que le paysan allemand a fait, dans cette dernière année, est unique et sans exemple. » Le Führer a montré, en même temps, qu'il était impossible de maintenir l'équilibre de l'équation « consommation = production importation », par la seule augmentation de la production.

Le plan de quatre ans, annoncé par lui provoquera du fait de la production en Allemagne d'une série de produits jusqu'ici importés une économie toujours plus grande de devises qui seront utilisées en premier lieu pour étendre nos importations de produits alimentaires. Mais cet allègement de notre situation ne se fera sentir que progressivement et l'on peut poser la question suivante : « Quelles sont les mesures complémentaires qui, la bataille de la production étant menée avec une énergie accrue, permettront d'assurer le maintien du rapport : « consommation = production + importation ? » La production est en voie d'accroissement grâce à la bataille que nous menons. On se demande alors si l'importance actuelle de la consommation est justifiée au point de vue de l'économie nationale. On s'aperçoit d'abord que le rapport total de l'agriculture allemande étant de 8 milliards et demi de marks, un milliard et demi environ de marks de denrées alimentaires sont absorbés chaque année par le gaspillage. Il s'agit donc de réduire la consommation au détriment du gaspillage et d'assurer ainsi, par ce côté également, l'équilibre de l'équation selon laquelle sont satisfaits les besoins alimentaires. On a prouvé que de grandes quantités de produits alimentaires, si importants pour notre existence, étaient complètement perdues, sans aucun profit, par manque de soin ou inattention. Ces pertes, qui se reproduisent chaque année, ne sont pas estimées à moins de 1 milliard et demi de marks. Cela correspond environ au triple de la valeur totale des produits agricoles que fournit la Prusse orientale.

Une question vient immédiatement à l'esprit : Où et comment se produisent ces pertes ? Pour pouvoir y répondre, il est nécessaire de tracer le chemin suivi par les denrées alimentaires, du producteur au consommateur. Il était jadis souvent très long, du fait du plus ou moins grand nombre d'intermédiaires. Plus le chemin est long et plus il est facile aux denrées de se perdre ou de se gâter. La réglementation du marché l'a réduit, au point de vue du ravitaillement, dans la mesure nécessaire. Pourtant, les pertes restent considérables et atteignent toujours 750 millions de marks avant d'arriver au consommateur. Naturellement ce sont les denrées périssables qui y sont le plus sujettes. 20 pour 100 de la récolte de fruits et de légumes, par exemple, sont perdus après la récolte, de même périssent 10 pour 100 des pommes de terre, 4 pour 100 des œufs, 3,5 pour 100 des céréales, 2 pour 100 des bêtes de boucherie. Ce que signifient ces chiffres, quelques exemples nous le montreront. Notre fournisseur de pommes de terre le plus important est la Poméranie qui en produit, chaque année, environ 4,2 millions de tonnes. Le déchet, en ce qui concerne les pommes de terre, s'élève dans l'ensemble, en Allemagne, à 4,1 millions de tonnes, ce qui signifie que presque toute la récolte poméranienne de pommes de terre est perdue chaque année pour notre ravitaillement. Les quantités de céréales qui disparaissent de la même manière, correspondent presque à l'ensemble de la production du Sleswig-Holstein, les pertes de fruits à l'ensemble de la production de la Bavière et de la Saxe. Pour parler net, cela veut dire simplement que la population rurale de provinces entières ne travaille que pour les pertes qui se produisent par gaspillage et par déchets pendant l'emmagasinage dans les fermes, le transport, chez le transformateur et le commerçant.

Mais ce n'est pas tout : 750 autres millions de marks sont gaspillés plus tard chez le consommateur lui-même, dans les cuisines de nos ménagères et de nos restaurants. Certes, 750 millions de marks, pour 17 millions de ménages ne représentent pas grand-chose par famille. Mais si l'on pense que les importations totales de produits alimentaires et de fourrages n'atteignaient pas 1,3 milliard en 1935, on peut se faire une idée de l'influence d'une telle perte sur l'économie nationale. Les produits qui se gâtent ou qui ne sont pas utilisés entièrement sont naturellement très différents dans chaque cuisine : il faut souligner un fait intéressant, 5 à 8 pour 100 des denrées alimentaires se gâtent ou sont mal utilisées dans les cuisines particulières, alors que la proportion correspondante dans les cuisines commerciales n'atteint que 0,5 ou 1 pour 100. Il est donc possible, sans aucun doute, d'éviter une grande partie de ces pertes et de faire profiter l'économie nationale des denrées alimentaires ainsi conservées.

Pour arriver à ce résultat, nous avons entrepris la campagne de « la lutte contre le gaspillage » qui doit montrer à chacun quel déchet considérable grève notre ravitaillement, et indiquer comment le réduire à l'avenir. Elle n'est pas limitée à une semaine ou deux, mais si l'on veut qu'elle soit couronnée de succès, il faut la mener avec une implacable ténacité, pendant des années, jusqu'à ce que chaque individu ressente comme un crime commis contre le peuple, le fait de laisser perdre des denrées alimentaires. L'amélioration de notre situation alimentaire ne dépend donc pas du seul paysan, mais le peuple tout entier peut et doit y participer ; paysan ou intermédiaire, meunier ou boulanger, ménagère ou cuisinier, il faut que tous s'efforcent d'utiliser entièrement les produits alimentaires si précieux pour notre peuple. C'est uniquement quand nous aurons réussi à éliminer les déchets évitables que nous pourrons affirmer avoir fait tout ce que nous pouvons pour notre ravitaillement. « Luttons donc contre le gaspillage !... »

CHAPITRE V

L'ORIENTATION DE LA CONSOMMATION

La bataille de la production sera menée dans le cadre du plan de quatre ans avec plus d'intensité que jusqu'alors et avec des moyens bien plus considérables. Il ne faut pas oublier que la bataille de la production ne peut que créer les conditions nécessaires à l'augmentation de la production. Ce que seront les récoltes ne dépend pas des hommes : malgré une utilisation d'engrais artificiels plus forte de 50 pour 100 en 1936 qu'en 1933, la récolte de céréales de 1936 est restée bien en dessous de la récolte exceptionnelle de 1933. Nous continuerons, et de plus en plus, à assurer le ravitaillement du peuple allemand, par l'augmentation de la production, mais ce n'est qu'un des aspects du problème. J'ai déjà souligné, à l'occasion de l'ouverture de la campagne de la « lutte contre le gaspillage », que l'on ne peut établir l'équation du ravitaillement « production = consommation + gaspillage » en agissant sur un seul des facteurs. Il ne s'agit pas seulement de produire plus, mais et c'est aussi important, il faut réduire les quantités énormes de denrées alimentaires qui sont gâchées chaque année. C'est ainsi qu'une deuxième tâche, la lutte contre le gaspillage, a déjà fait son apparition à côté du devoir d'augmentation de la production. Par ces deux séries de mesures : augmentation de la production et « lutte contre le gaspillage », la situation du ravitaillement doit être équilibrée.

Puisque d'une part les importations ne peuvent être accrues d'une façon appréciable — et qu'elles doivent même, au cours de l'application du plan de quatre ans être réduites en raison de nos besoins en matières premières — que d'autre part, la consommation ne doit pas être étranglée (e t qu'elle a beaucoup plus tendance à s'accroître, par suite de l'augmentation de la population et du revenu national) nous avons, comme je l'ai déjà dit, eu recours à deux moyens : l'accroissement de la production et la diminution du gaspillage. Ces deux mesures doivent aboutir à ce que le peuple allemand mange à sa faim, à moins qu'une récolte particulièrement mauvaise ne démente nos calculs.

La question se pose encore de savoir pourquoi l'orientation de la consommation reste nécessaire. Voici la réponse :

1. Parce qu'un ravitaillement équilibré dans l'ensemble ne signifie pas que l'équilibre existe pour chaque produit alimentaire. Certaines denrées ne pourront jamais être produites en quantités suffisantes en Allemagne. C'est le cas des graisses. Il est par contre très possible d'arriver à une augmentation de la production de certaines autres. Par exemple, les hydrates de carbone ;
2. parce que nombre de produits ne peuvent être obtenus qu'à certaines périodes et généralement alors en excès : par exemple les légumes et les fruits ;
3. parce que les variations continuelles des récoltes conduisent forcément à adapter la consommation aux denrées existantes.

LES DEVOIRS GÉNÉRAUX DE L'ORIENTATION DE LA CONSOMMATION. – Une orientation de la consommation consciente des responsabilités qui lui incombent doit partir de deux facteurs préalables : les possibilités de production à l'intérieur du territoire national, et les besoins de la population allemande en denrées alimentaires. Possibilités de production et besoins en denrées alimentaires doivent être adaptés l'un à l'autre. C'est là le but de la bataille de la production au point de vue de la production des denrées alimentaires et c'est celui de l'orientation de la consommation, au point de vue de leur consommation. La bataille de la production s'efforce de tirer du sol allemand les quantités les plus grandes possibles de produits alimentaires utiles et de les mettre à la disposition du peuple allemand, en tenant compte de ses habitudes alimentaires. L'orientation de la consommation doit persuader le consommateur allemand que les produits du sol allemand doivent être consommés dans le cadre d'une alimentation raisonnable et naturelle. Dans beaucoup de cas, il y faudra un changement d'habitudes.

Il est vrai que le peuple allemand continue à observer, en gros, le principe d'une alimentation nationale. C'est pourquoi le seigle, la pomme de terre, les légumes et les produits du bétail que l'on sait jouent encore aujourd'hui le rôle principal dans notre alimentation. Si de nombreux milieux se sont écartés de ce principe par un soi-disant 0 raffinement» de leur existence, il sera nécessaire de les faire revenir à ces produits de base fournis par le sol allemand.

Les aspects multiples et les tâches diverses de„la production allemande de denrées alimentaires ne permettent pas toujours de produire ce qui correspond à un moment donné au voeu des consommateurs. Il existe des produits secondaires que l'on ne doit pas ignorer sans nécessité et surtout pas lorsqu'ils sont aussi utiles que le lait écrémé, par exemple. Ce sera le devoir de l'orientation de la consommation d'aiguiller l'attention des consommateurs sur les produits qui, jusqu'à présent, ne les intéressaient pas suffisamment. Il faut enfin que le peuple allemand réapprenne à adapter son alimentation aux variations saisonnières de la production et des récoltes. Il n'est pas admissible qu'en souvenir de l'économie internationale d'emprunt aujourd'hui disparue, il réclame dès février des pommes de terre nouvelles, et en mars les plus beaux primeurs étrangers. Il faut qu'il réapprenne à consommer les produits allemands à l'époque où les paysans allemands peuvent les apporter au marché.

Il est d'une grande importance, en outre, que le consommateur soit prêt à absorber les excédents de produits alimentaires nationaux provoqués par les variations de récoltes et qui rie peuvent être conservés, de manière à en éviter la perte. Qu'on se rappelle la collaboration compréhensive des consommateurs allemands à la mise en sûreté de la récolte de choux de 1936. Enfin, il ne s'agit pas seulement dans l'orientation de la consommation, de faire de la propagande en faveur de certaines denrées alimentaires, mais aussi d'expliquer la pénurie passagère d'autres produits ou les restrictions qui, à la longue, deviennent nécessaires. La consommation du peuple allemand doit ainsi être mise en accord avec la production du sol allemand. C'est de cette façon que l'importation, toujours nécessaire des produits alimentaires, sera réduite au minimum et qu'une part aussi grande que possible des devises dont nous disposons pourra être mise à la disposition du secteur industriel du plan de quatre ans.

LA DIRECTION PRISE PAR L'ORIENTATION DE LA CONSOMMATION. – L'Institut pour l'Étude de la Conjoncture a réparti les produits alimentaires allemands en trois groupes selon que pour chacun d'eux l'extension de leur consommation est possible, le maintien de celle-ci au niveau actuel désirable, ou sa restriction nécessaire. Ce q menu» général — comme on peut l'appeler — proposé au peuple allemand, forme la base de l'orientation de la consommation.

Si, à propos du premier groupe des produits, il est question de chercher à augmenter la consommation, il ne faut pas en conclure qu'il s'agit là « d'excédents de denrées » qui peuvent être jetés sur le marché en quantités aussi grandes que l'on voudra. Nous n'avons pas d'excédents en Allemagne, il s'agit simplement de produits alimentaires vers lesquels le consommateur doit s'orienter de plus en plus, pour éviter la pénurie d'autres produits. Quatre groupes de denrées ont, à ce propos, une importance particulière :

1. Les pommes de terre et les produits dérivés ;
2. le lait écrémé, le fromage blanc, et les fromages riches en albumine ;
3. le poisson ;
4. les produits à tartiner riches en sucre.

La consommation individuelle peut être orientée vers ces produits par une propagande et une éducation continues, intensives et répétées quotidiennement, car nous pourrons probablement, dans les années à venir, en disposer en quantités telles qu'il est souhaitable que les consommateurs allemands les utilisent dans une mesure aussi large que possible. Leur production, son augmentation, dépendent de nous seuls, c'est pourquoi ils tiennent la place la plus importante dans l'orientation de la consommation. Mais il existe encore d'autres excédents de produits qui ne peuvent que provisoirement être mis en grande quantité à la disposition des consommateurs. C'est le cas des légumes divers comme le chou, la choucroute, etc. Une propagande intermittente sera souvent le seul moyen d'influencer le consommateur en faveur de l'achat de ces produits.

Le deuxième groupe comprend les denrées dont on ne désire pas modifier la consommation. Il s'agit avant tout de celles dont la production peut être entièrement assurée par le sol allemand, pour lesquelles, par conséquent, une augmentation de la production ne semble pas nécessaire. L'orientation de la consommation pourra en général se contenter de les indiquer. Mais il faut, à ce propos, dire encore un mot au sujet du pain, qui est le symbole de notre nourriture nationale. De nouvelles constatations ont encore confirmé que cette précieuse denrée alimentaire ne subit pas toujours le traitement qui s'impose, surtout à la ville. C'est une obligation morale toute spéciale de ne pas se contenter de respecter et d'honorer le pain, mais aussi de le garder et de le préserver. Un destin favorable a accordé au peuple allemand autant de pain qu'il lui en faut pour son alimentation. Par reconnaissance, le peuple allemand doit honorer et préserver ce don de Dieu.

L' Institut pour l'Étude de la Conjoncture a groupé dans la troisième catégorie les produits pour lesquels une réduction provisoire ou permanente de la consommation correspond aux nécessités économiques. Le devoir de l'orientation de la consommation consistera, à ce sujet, à convaincre le peuple allemand de la nécessité des restrictions, à faire prévoir à temps, et d'une manière suffisamment claire, les raréfactions imminentes de produits, et enfin à indiquer aux consommateurs de quelle façon ils devront s'organiser pour ne pas souffrir de ces restrictions. Cette tâche de l'orientation de la consommation suppose un certain tact. Elle exige la vérité et la franchise qui, seules, permettront de gagner la confiance du consommateur, sans laquelle l'orientation de la consommation n'est pas possible. Il s'agit ici surtout de la délicate question des matières grasses. Il nous faut arriver à réduire leur consommation du quart. Si la ménagère allemande admet spontanément cette nécessité — et l'expérience montre que nous sommes sur la bonne voie — aucune difficulté ne devrait se produire dans ce domaine. Il existe des possibilités multiples de remplacer les graisses par d'autres denrées alimentaires. Le devoir de l'orientation de la consommation sera de montrer la voie aux consommateurs. On peut le faire en les renvoyant aux nombreux excédents de produits déjà cités dans la première catégorie comme les produits à tartiner riches en sucre, le fromage blanc et les fromages riches en albumine. On peut le faire aussi en enseignant à économiser la graisse dans la cuisine et en utilisant le lait écrémé. Il importe aussi de remplacer « l'éternelle tartine beurrée » par un repas du soir chaud comme la coutume en existe encore dans de nombreuses régions de notre patrie, alors qu'elle s'est perdue dans d'autres. Le déjeuner chaud avec des soupes nourrissantes et le petit déjeuner lacté de l'écolier doivent prendre plus d'importance.

L'ORGANISATION DE LA CONSOMMATION : TÂCHE COMMUNE. — De même que la campagne de la « lutte contre le gaspillage » ne se limite pas à une profession, l'orientation de la consommation vise le peuple tout entier. Elle constitue pour tous nos concitoyens un devoir d'ordre général auquel personne ne doit se soustraire. C'est ainsi qu'elle deviendra le vrai « socialisme de l'action. » La participation à cette œuvre sera d'autant plus honorable qu'elle sera plus discrète.

A qui s'adresse en premier lieu l'orientation de la consommation ? D'abord à la ménagère allemande dans les mains de qui passent les denrées alimentaires avant de paraître sur la table pour les repas. Son travail prend ainsi une grande valeur au point de vue de l'économie nationale et s'égale par ses répercussions générales au travail de l'homme dans la lutte politique. La ménagère a écouté pendant ces six derniers mois avec bonne volonté les indications de l'orientation de la consommation. L'effort d'éducation intensive de l'œuvre des Femmes Allemandes et des autres organisations n'aura pas été vain. La ménagère reste le facteur décisif de l'orientation de la consommation.

Le marchand de produits alimentaires n'a pas une importance moindre, car il est l'homme de confiance à qui la ménagère s'adresse si souvent quand elle a besoin d'être conseillée pour ses achats. Il lui est possible par ses critiques et ses avis défavorables de gêner la grande tâche de l'orientation de la consommation. Il peut devenir aussi notre allié le plus fidèle dans cette lutte économique s'il suit les directives que lui donne sa corporation, si, avant et pendant la pénurie de certains produits, il conseille et rassure objectivement le client et aiguille son intérêt vers les denrées qui sont disponibles en grandes quantités. Il a d'ailleurs l'avantage de profiter de cette orientation de la consommation car il peut ainsi augmenter la vente d'une série de produits quand celle des autres diminue.

Le marchand forain constitue un facteur très important de la répartition des produits alimentaires. Il faut surtout agir sur les ménagères qui n'ont pas encore été atteintes par l'effort d'éducation des organisations féminines ou qu'un travail pénible empêche de recevoir cette instruction ou de disposer du temps nécessaire pour l'acquérir par la lecture de journaux ou de brochures. Le marchand forain a par conséquent le devoir tout spécial de montrer à la ménagère la voie à suivre par ses conseils professionnels, par les recettes qu'il mettra à sa disposition et par tous autres moyens.

Le rôle du restaurant ne doit pas être négligé. Il lui faut répondre aux exigences de l'économie nationale, autant que cela lui est possible, dans le cadre des tâches qui lui incombent et se montrer un auxiliaire puissant par sa consommation massive. Il s'agit en outre de démontrer par l'exemple aux ménagères comment il est possible d'obéir aux nécessités de l'orientation de la consommation et de préparer en même temps des mets savoureux et nourrissants. Les restaurants peuvent devenir les propagandistes les plus remarquables de l'orientation de la consommation.

En jetant aujourd'hui un regard en arrière sur les six mois d'orientation de la consommation, nous pouvons constater avec joie que le peuple allemand a accepté loyalement ce nouveau devoir économique. Quand le Président du Conseil des Ministres, le général Göring, eut indiqué, à la réunion d'automne, du Palais des Sports à Berlin, ces tâches nouvelles, ses paroles trouvèrent un écho chaleureux. Le travail d'éducation fourni pendant l'hiver par la presse, la radio, le parti et les organisations comme l'Œuvre des Femmes Allemandes, le Front du Travail, les détaillants, la Corporation Nationale de l'Alimentation, a trouvé un fidèle appui dans la population allemande, ce qui contribua certainement à ce que l'hiver se passe sans difficultés d'ordre alimentaire. Mais ce fait montre aussi que le ravitaillement de l'Allemagne ne repose pas seulement sur le travail du paysan, mais bien sur deux piliers à savoir la bataille de la production, menée par l'agriculture allemande, et la compréhension et la discipline des consommateurs.

(Exposé extrait du Plan de Quatre Ans,
suite 4, année 1937.)

CHAPITRE VI

LE RÔLE DE LA SCIENCE

Le fait que je parle devant vous pour la première fois, qu'un représentant de la politique s'adresse à la science, implique une petite explication et une justification.

Mon Ministre m'a confié d'accord avec le Ministre des Recherches Scientifiques du Reich, le service des Recherches Agricoles. La tâche qui m'est ainsi fixée consiste à déterminer les grandes lignes politiques de l'application et de la direction de vos travaux scientifiques et de prendre soin d'harmoniser votre programme de travail avec les grands traits de la politique agraire. J'ai accepté cette tâche volontiers avec la pleine conscience de mes responsabilités et non par un quelconque besoin politique de me faire valoir ou par goût de l'impérialisme bureaucratique, car des tâches nouvelles signifient — quand on les prend au sérieux — un travail nouveau. J'ai accepté cette tâche simplement parce que j'estime que cette fonction est nécessairement profitable et que je m'en promets un résultat utile aussi bien pour la politique que pour la science. Soyez sûrs que je ne vois pas mon devoir dans le fait d'être chez vous un contrôleur, mais que je désire beaucoup plus, en partant du centre de la vie politique, vous donner sans cesse à vous et à votre travail, impulsion, direction et but.

Nous assistons aujourd'hui à la plus grande révolution paysanne de l'histoire allemande. Jamais encore au cours des deux millénaires du devenir historique de l'Allemagne le paysan, et l'ouvrier qui lui est essentiellement apparenté, ne furent ainsi, avec la même détermination et la même énergie, les porteurs et les combattants d'une nouvelle volonté politique de conception germanique.

C'est de notre paysannerie et de notre classe ouvrière, que naissent aujourd'hui les forces formatrices et constructives les plus puissantes. Ce qui se déroule ces jours-ci sous nos yeux à Goslar, c'est l'immense revue de nos paysans allemands qui reçoivent pour la lutte future le nouveau mot d'ordre politique. Les devoirs qui s'imposent aujourd'hui et pour l'avenir à la paysannerie allemande, dans cet événement unique de la renaissance nationale sont si grands et en même temps si beaux qu'ils attirent dans leur orbe et entraînent à une collaboration quotidienne tous ceux qui, d'une façon ou d'une autre, se sentent intimement liés à la paysannerie. C'est pour cette raison que j'ai été particulièrement heureux de voir l'agronomie allemande participer au Congrès des Paysans allemands et témoigner ainsi des *liens intimes qui la rattachent à notre paysannerie*. Je vois en même temps dans cette participation le signe que cette science a fait siens les buts élevés et les grandes tâches nationales de notre paysannerie. De même que la paysannerie prend sa place politique dans le peuple allemand, il faut que, dans une même mesure, la science soit elle aussi pénétrée d'un contenu politique identique. Les temps où elle constituait un État dans l'État, où elle avait même, comme la république des savants, un caractère interétatique, sont définitivement révolus. Aujourd'hui nous sommes enfin un peuple intimement uni par sa communauté de sang et de destin. Tous nos efforts, tous nos actes sont au service du bien de notre peuple et de l'idée de sa communauté. La politique n'est donc plus la lutte des groupes, des partis et des associations d'intérêts, mais seulement l'ambition de donner au peuple des conditions de vie meilleures, de lui trouver et de lui assurer une forme de vie conforme à son essence. Toutes les manifestations d'existence, qu'elles soient d'ordre culturel ou économique, doivent par conséquent avoir leurs racines dans le même substratum populaire et sont en définitive de nature politique. En dehors du peuple et du territoire allemand, il n'y a ni véritable politique allemande, ni vraie science allemande. L'homme politique, comme le savant, tous, nous avons à chacune de nos décisions la même responsabilité vis-à-vis de notre peuple.

Le peuple allemand et son espace vital sont la condition première et dernière de notre action, et par conséquent seule la prospérité de la nation est une fin en soi. De même qu'il n'y a pas de politique sans données préalables, il ne peut pas y avoir et il ne faut pas qu'il y ait de science inconditionnelle, qui se suffise à elle-même et vive dans une indifférence négative sans se soucier du temporel. La science participe en effet de la création culturelle du peuple et elle trouve, elle aussi, son accomplissement dans la détermination des grands buts politiques ; elle doit dans une certaine mesure, en tant que partie — et sans perdre de vue l'ensemble — approuver la politique qui lui est supérieure et devenir ainsi un membre utile au service du tout.

Cet accomplissement de la science à caractère politique ne constitue pourtant aucunement un danger pour la soi-disant « objectivité scientifique .» L'objectivité telle que nous l'enseigne le libéralisme n'existe pas, à moins que les hommes qui s'occupent de science soient des créatures sans race et sans lien avec les autres individus. Seul celui qui considère le mélange total des races comme un progrès et la paneurope comme un bonheur, digne des plus grands efforts, pour l'humanité de notre continent, peut continuer tranquillement son rêve d'une objectivité scientifique sans race et sans âme. J'entends que la croyance en cette objectivité de la science n'a pu naître que parce que l'on a oublié que cette science, portée par la race nordique, était le bien de cette race qui l'avait créée et qu'elle n'a pris son aspect international, ou mieux supranational qu'en s'étendant au delà des frontières et des époques historiques tout en continuant de supposer toujours l'existence d'hommes d'une certaine hérédité et d'un sang défini.

LA LIBERTÉ DE LA SCIENCE. — Si je vous adresse aujourd'hui la parole, dans l'exercice de mes fonctions politiques, cela ne signifie aucunement une limitation ou un danger pour la liberté de votre science. Le siècle dernier a, ici aussi, entièrement faussé le sentiment que nous avons de la véritable liberté. Jamais la science n'a été dans son essence aussi peu libre que dans ce siècle de soi-disant 0 liberté, égalité, fraternité .» Le fait que son domaine d'application a toujours été étendu dans une direction unique suivant la ligne de l'évolution matérialiste et capitaliste, et les devoirs de caractère national au contraire négligés, parlerait-il en faveur de la liberté de notre science ? Je ne pense pas seulement aux grandes sciences de l'esprit qui ont été délaissées, mais aussi, et tout spécialement à la question qui nous intéresse ici : celle des sciences agricoles : à l'oubli de tous les problèmes à résoudre dont la conquête du monde et l'époque capitaliste ont écarté la solution en prétendant qu'elle n'était pour l'Allemagne ni urgente, ni même actuelle.

La liberté conçue comme la création libre et responsable envers elle-même ne naîtra jamais que de l'ordre intérieur et ne peut fleurir que sur le terrain fertile de la communauté populaire. Ce lien naturel avec le peuple constitue la vraie liberté.

Si ces conditions ne sont pas réalisées, la liberté se transforme et devient vite l'arbitraire et l'égoïsme. C'est en pensant que mon devoir est de vous exposer sans cesse l'interdépendance de la politique et de la science, et de veiller à ce que votre important domaine scientifique s'intègre dans le cadre vivant de l'effort commun que je crois être justement, de par ma fonction politique, le meilleur garant de la liberté de votre travail !

Il n'est pas question de faire entrer dans votre activité des tendances politiques quelconques qui ne pourraient naturellement que rester toujours superficielles. Non, l'éthique politique doit naître dans la science même et se fonder sur l'attitude politique fondamentale des savants. Vous ne vous méprendrez donc pas sur le sens de mes paroles, si ie parle des grandes tâches urgentes qui s'imposent aujourd'hui à la science en raison de la situation politique. Cela ne signifie pas que la science doive devenir le valet des tâches quotidiennes et, par un rationalisme finaliste à courte vue, ne s'attaquer qu'à celles dont l'utilité pratique est immédiatement reconnaissable. Non, mon activité scientifique antérieure m'a trop bien appris que la science a toujours besoin d'un fonds de réserve dans lequel elle peut et doit puiser, et que l'apport continuel de sources toujours nouvelles est aussi nécessaire que l'utilisation des connaissances présentes. Ces faits d'expérience valent tout particulièrement pour notre science agronomique, car elle puise finalement aux différentes sources des sciences fondamentales. Elle doit pourtant être toujours gardée de l'autre côté et se tenir prête à entreprendre et à mener à bonne fin les tâches quotidiennes urgentes. Notre science doit par conséquent, et dans la même mesure, suivre le progrès des connaissances scientifiques dans les disciplines voisines, y participer elle-même et s'efforcer par ailleurs, sans relâche, de rester en contact intime avec les soucis et les efforts quotidiens du paysan.

Cette liaison entre la pratique et la science, le paysan et le savant, trouve son fondement et sa condition dans la communauté d'action politique et tout particulièrement dans une volonté commune dans le domaine de la politique agraire. Une collaboration fertile, appuyée sur une confiance réciproque entre la pratique et la science, n'est donc possible que si la science approuve sans réserve les lignes directrices de la politique agraire adoptée par l'État. Il ne peut y avoir parallèlement à la politique agraire de l'État et du Parti, une politique agraire scientifique, dont la conception du monde reposerait sur une base différente ou qui serait confiée à des hommes qui, par les idées ou même par le sang, ne rempliraient pas les conditions voulues pour collaborer à l'étude des problèmes agricoles. Le Parti et l'État ont aboli, dans ces dernières années, les tendances qui divergeaient dans ce domaine et ne toléreront pas à l'avenir qu'un tel désaccord se reproduise !

La politique agraire nationale-socialiste voit dans la paysannerie la classe nourricière du peuple et une réserve de forces pour la ration. Toutes ces tâches, tous les problèmes qu'elles posent tournent par conséquent — non pas à cause du paysan, mais à cause du peuple allemand autour de ce seul but : conserver, accroître, et développer dans l'organisme national une puissante paysannerie. Le moyen qui nous permettra d'atteindre ce but n'est donc pas déterminé par des considérations d'ordre purement économique, mais nous est prescrit par notre foi inébranlable dans les forces du sang et du sol. C'est en partant de cette croyance que nous avons créé la loi sur la ferme héréditaire et la Corporation Nationale de l'Alimentation qui sont les piliers de la politique agraire nationale. Cette même foi dans les forces qui reposent dans le sang et le sol de notre peuple nous animait aussi quand, il y a un an, nous lancions l'appel à la bataille de la production, et nous anime aujourd'hui encore où nous entrons dans la deuxième année de cette lutte. Il est inutile, par conséquent, d'ajouter autre chose : si la science veut marcher dans les rangs de la paysannerie, elle doit aussi faire du sang et du sol la base spirituelle de ses travaux. Il faut qu'elle se débarrasse de son caractère habituel, emprunté à l'économie privée qui l'a marquée jusqu'à présent comme un enfant du libéralisme et devienne pour l'agriculture allemande une doctrine organisatrice et politique, se relie donc à la vie du peuple. Plus qu'autrefois la science devra donc s'occuper des particularités de l'agriculture. Nous voulons redevenir une nation de paysans, et la science doit favoriser cette évolution par les moyens dont elle dispose, la connaissance, l'appréciation, l'éducation. Il faut à ce propos faire disparaître une foule d'obscurités anciennes qui subsistent encore et poser enfin, en partant d'un point de vue actuel, les fondations d'une politique agraire vitale.

En songeant à la nécessité d'augmenter l'ensemble des produits que nous tirons du sol, nous nous rendons compte que les réserves les plus grandes se trouvent encore dans la masse de nos fermes allemandes. Une de vos tâches les plus importantes sera de rechercher dans les provinces et les fermes allemandes les conditions essentielles d'une augmentation de la production. Les limites et les possibilités de notre production, et surtout de son accroissement, dans ces exploitations agricoles, nous sont justement beaucoup trop peu connues. Le but à atteindre, c'est la future économie paysanne, basée sur la famille et la ferme héréditaire, et fournissant un travail intensif. Elle représente seule une création fermée sur elle-même, composée de rapports vitaux, et se montrera capable par les efforts profondément conjugués de toutes les énergies de la ferme d'un travail réellement durable. Augmenter l'intensité, surtout celle du travail, c'est le seul moyen de tirer en quelque sorte des profondeurs de l'espace restreint qui nous est donné ce que son étendue ne nous fournit pas. Il ne s'agit pas d'obtenir un rendement financier maximum ou de favoriser et de garantir un quelconque désir de gain individuel, mais uniquement d'obtenir le meilleur développement possible et l'accroissement des valeurs qui reposent dans les forces primordiales de l'activité et du sol allemands. *Les lois vitales du sang et du sol constituent donc le point de départ des efforts futurs.* Cette attitude spirituelle qui caractérise l'appel d'aujourd'hui à la bataille de la production, diffère essentiellement de celle de l'époque du « système .» Les précédentes batailles de la production consistaient en investissements capitalistes qui se terminaient par l'endettement et l'esclavage de l'agriculture allemande. La bataille de la production nationale-socialiste est la mobilisation socialiste et la mise en œuvre de toutes les forces pour la production animale et végétale. Puisse la science saisir intégralement et faire sien ce renversement total de nature et de conséquences !

Un vaste champ d'action s'offre ainsi à la science avec surtout l'augmentation de la productivité et la fermeture des brèches ouvertes dans notre ravitaillement que nous nous efforçons d'obtenir. J'ai appris avec satisfaction que la question des graisses et celle des fibres ont déjà fait l'objet d'une étude approfondie au cours de vos recherches précédentes. Les efforts tentés pour résoudre ces problèmes si importants devront être poursuivis à l'avenir avec la même intensité. Il est particulièrement réjouissant de voir que, grâce à vos travaux scientifiques, messieurs, de nouvelles voies paraissant également praticables sont ouvertes, qui permettront par la création d' « ersatz » appropriés de faciliter notre ravitaillement en albumines et en graisses. Il est nécessaire de poursuivre ces travaux, mais il l'est tout autant de garder en outre l'inflexible volonté de combler par l'utilisation la plus complète possible de toutes les sources de production naturelles dont nous disposons sur notre sol, les brèches existant dans notre économie. Nous ne sommes aucunement arrivés à l'exploitation la plus complète des possibilités dans les questions critiques comme celle par exemple de la production nationale de fourrages et de son utilisation convenable et de la meilleure production possible d'huiles et de graisses tant végétales qu'animales. Il faudrait d'ailleurs que la science réponde bientôt et d'une façon durable à cette question : qu'est-ce en réalité que la productivité de l'agriculture allemande ? Et fasse enfin conjointement la différence si essentielle pour sa transformation entre le revenu brut et le revenu net, celui du travail et celui du capital.

Une foule de nouvelles questions importantes se posent sur le terrain de notre ravitaillement et de l'approvisionnement du marché à la politique agraire scientifique et à la science économique. La création d'un juste prix pour nos produits agricoles les plus importants, la détermination exacte des zones de fixation des prix, et d'une façon générale l'établissement d'un rapport correct entre les prix et les nombreux autres problèmes de l'organisation du marché, relèvent des décisions les plus délicates de notre politique actuelle du ravitaillement. Malgré les multiples instituts d'étude du marché d'autrefois, nous n'avons presque rien pu entreprendre avec les résultats des recherches faites jusqu'à présent. Créez-nous une base réellement utilisable pour nos décisions à venir ! A côté de ces importants devoirs concernant la politique du marché, des tâches spéciales de nature technique nous sont encore imposées par notre politique du ravitaillement. Une politique des stocks sagement prévoyante a, à notre égard, d'autres exigences que la soi-disant « liberté économique du marché » jusqu'à présent en vigueur et qui par principe se contentait de vivre au jour le jour. Je vous rappellerai simplement la nécessité d'entrepôts frigorifiques pratiques, les différentes questions relatives à l'emmagasinage ou les problèmes liés à la production et au traitement de denrées alimentaires sans défaut. Je pense justement que sur ce terrain il faut collaborer avec les organes de recherches et les bureaux qui ne voient pas leur devoir principal dans le traitement de malades, mais dans le ravitaillement des gens sains et les soins à leur donner. Toute la façon de vivre et de se nourrir du peuple allemand est devenue de moins en moins naturelle avec l'organisation capitaliste du marché et elle porte aujourd'hui la marque d'un caractère national insuffisant. Le retour au caractère national n'exige pas seulement que la production s'adapte aux données naturelles, mais aussi que la consommation et les habitudes alimentaires du peuple s'accordent avec les possibilités et le rythme de la production nationale. Pour un peuple lié depuis des siècles à son espace vital, les modes de vie et d'alimentation déterminés par cet espace sont les plus sains et les meilleurs. La cause des difficultés, qui, aujourd'hui se manifestent çà et là dans notre ravitaillement, ne doit pas être recherchée en dernier lieu dans les habitudes alimentaires des consommateurs dont les exigences n'ont plus de rapport avec le sol. C'est ici que l'instruction de la masse et la collaboration entre l'agriculture et les sciences de la nutrition sont nécessaires.

LE TRAVAIL SCIENTIFIQUE AU SERVICE DE LA COMMUNAUTÉ. — Je crois vous avoir donné ainsi un court aperçu des devoirs les plus importants des recherches scientifiques tels que je les vois du point de vue de la lutte politique quotidienne. Celui qui connaît la nature et les difficultés des recherches agricoles sait que les innombrables questions qui se posent ne peuvent recevoir de solution du jour au lendemain. Il est d'autant plus nécessaire de s'attaquer à elles avec un plan bien réfléchi et strictement établi et des forces unies. La voie que nous avons suivie par le travail en commun des services de recherches me paraît plus riche de promesses que les efforts, si grands qu'ils fussent, des instituts qui travaillaient jadis en ordre dispersé et se faisaient concurrence au lieu de pratiquer une collaboration nécessaire basée sur la division du travail et dépourvue de tout sentiment d'envie. Cette nouvelle méthode est née de l'attitude nationale-socialiste et c'est pourquoi elle triomphera de toutes les difficultés. En raison de la haute signification nationale et politique de tous ces travaux, je demande instamment à tous les organismes qui poursuivent le progrès des sciences et à toutes les institutions qui gèrent les deniers publics comme fidéicommissaires de la science allemande, de favoriser autant que possible cette œuvre, dans la mesure des moyens dont ils disposent, et d'aider ainsi à faciliter la solution des problèmes posés.

J'attends donc de vos travaux pour l'année à venir de très grands progrès et une aide précieuse pour notre tâche politique. Les sciences agricoles entrent elles aussi dans la seconde année de la bataille de la production, et pas plus que nous ne nous déclarons satisfaits des résultats acquis dans le domaine de la politique agraire pratique, nous ne pouvons nous contenter des progrès scientifiques actuels. Puisse l'esprit de ces journées être pour votre tâche un nouvel aiguillon. Au travail ! pour que le peuple allemand vive !

La condition préalable de ce travail nous a été donnée elle aussi par Adolf Hitler. Nous lui en témoignerons notre reconnaissance en servant sans trêve et en travaillant sans relâche !

>(Discours prononcé à l'occasion de la Première Séance du Conseil des Recherches Scientifiques Agricoles, lors du IIIe Congrès des Paysans allemands, à Goslar, en novembre 1935.)

CHAPITRE VII

POLITIQUE ALIMENTAIRE ET PROPAGANDE

Le national-socialisme a provoqué dans tous les domaines essentiels de la vie nationale de profonds changements. Ceci vaut dans une mesure toute particulière pour la propagande et point en dernier lieu pour la propagande en matière de politique alimentaire. A l'époque libérale, la propagande était presque exclusivement au service de l'intérêt particulier ou à celui de l'égoïsme organisé des groupements d'intérêts. On ne peut faire d'exception pour la propagande politique du « système », car elle était dirigée par des partis politiques qu'il faut bien définir comme des associations au service de l'intérêt personnel de leurs membres. Aujourd'hui, la propagande doit être entièrement subordonnée aux intérêts de la communauté nationale. Elle sera même utilisée, dans une mesure particulièrement large, pour fortifier la communauté populaire et mener à bonnes fins les tâches imposées par la lutte pour la conservation et l'affirmation de notre peuple. Elle n'est admissible lorsqu'elle sert des buts économiques privés que pour autant qu'elle ne contrevient pas aux nécessités nationales. Le mérite du Comité National de la Propagande Économique est d'avoir imposé ce changement de principe dans la propagande en général et son devoir consistera tout spécialement à veiller désormais à ce que les succès du national-socialisme dans le domaine de la propagande ne soient pas un jour réduits à néant et étouffés par l'effort des intérêts particuliers.

Je crois pouvoir affirmer que ce changement dans le domaine de la propagande n'a pas été seulement salué avec une joie sincère par les directeurs responsables de la Corporation Nationale de l'Alimentation et du Ministère du Ravitaillement, mais que ceux-ci l'ont aussi appuyé pratiquement dans toute la mesure de leurs forces. Peut-être avons-nous même obtenu ici et là, dans l'organisation de la propagande sur le plan économique et national, des résultats qui peuvent être donnés en exemple.

La division des efforts a l'époque du « système.» – Le ravitaillement ne connaissait jadis que la propagande économique d'ordre privé du marchand de produits alimentaires ou des entreprises qui travaillaient ou transformaient les produits agricoles. L'agriculture elle-même n'utilisait la publicité que dans des cas exceptionnels. C'est seulement quand la crise devint plus aiguë, à l'époque du « système », que l'agriculture commença à s'intéresser un peu plus aux questions de propagande. Quelques agriculteurs, particulièrement habiles, cherchèrent à obtenir par la voie des annonces de presse, ou de tous autres moyens publicitaires, des débouchés pour leurs produits, avec l'espoir d'échapper ainsi à la crise générale des affaires. Cette publicité procura bien çà et la quelques succès particuliers, mais elle n'était aucunement en mesure de résoudre le problème posé par la crise.

Pour lutter contre l'inondation du marché allemand par les produits étrangers, certaines organisations agricoles essayèrent par ailleurs de faire une propagande commune en faveur de tel ou tel produit pour consolider la position de la production allemande sur le marché national. Ces tentatives furent faites le plus souvent par les diverses organisations sans prise de contact préalable avec leurs voisines. Le front unique de défense contre la sous-concurrence des produits étrangers que l'on réclamait alors, ne vit pas le jour. Des comités nationaux furent certes créés avec l'aide de l'État pour le lait, le vin, la pêche en haute mer, etc., mais ils essayèrent tous de profiter du désordre pour en tirer ce qui pouvait être utile à la vente des seuls produits qui les intéressaient. Il arriva ainsi que l'on vit sur le même panneau publicitaire des réclames pour le vin, la bière et le lait, ce qui supprimait tout l'effet de la propagande en faveur de chacune de ces denrées. Tous les efforts tentés pour aboutir à un programme commun échouèrent finalement parce qu'on ne réussit pas à *soumettre la propagande aux lignes directrices* des nécessités de l'économie nationale, et par conséquent à la coordonner dans tous les secteurs du ravitaillement. Il ne faut pas oublier d'ailleurs qu'à l'époque du « système », une propagande ainsi coordonnée et organisée sur le plan national n'aurait pu obtenir de résultat durable, car la diminution croissante du pouvoir d'achat provoquée par l'augmentation du chômage et la concurrence des produits étrangers vendus à vil prix s'y opposait.

La propagande en matière alimentaire est uniquement déterminée aujourd'hui par les nécessités du ravitaillement, nées elles-mêmes de la situation de l'Allemagne au point de vue alimentaire. Comme nous l'avons déjà dit, en 1934, au Congrès des Paysans allemands de Goslar, nous avons le devoir d'augmenter d'abord la production et de l'utiliser ensuite avec plus de soins. La publicité privée doit, de même que la propagande générale, tenir compte de ces obligations. C'est ainsi que la Corporation Nationale de l'Alimentation s'est mise au travail dans le domaine de la propagande.

La propagande en faveur de l'augmentation de la production agricole s'est faite sous le mot d'ordre de « la bataille de la production. » Pendant la première année de cette bataille, lors de l'hiver 1934-1935, il s'agissait presque exclusivement d'en propager l'idée dans la population rurale allemande et de faire naître chez elle la volonté d'augmenter ses efforts. Dans les années suivantes, il fallut rendre plus subtile cette propagande ; on lui imposa de travailler au développement de branches bien déterminées de la production. Mais, à côté de cela, le devoir de la propagande en faveur de la production consiste toujours et pour l'avenir aussi, à souligner sans cesse l'idée de bataille de la production et à faire appel à l'idéalisme de la population rurale. Le manque croissant de bras dans les campagnes exige même qu'on insiste désormais sur cet aspect de la propagande en faveur de la bataille de la production. Dans le domaine de la main-d'œuvre agricole de lourdes et sérieuses tâches nous attendent. L'Institut National de Placement et d'Assurances contre le Chômage a établi que nous ne pouvons espérer dans les années prochaines équilibrer le manque de main-d'œuvre qui se fait aujourd'hui sentir dans toutes les branches de notre économie, par l'apport des jeunes générations de travailleurs, ceci en raison de la diminution du chiffre des naissances pendant les trente années qui précédèrent la prise du pouvoir. L'économie allemande doit au contraire s'attendre à ce que les dix prochaines années amènent un déficit d'au moins 1 million et demi de jeunes travailleurs, par suite du recul de la natalité. L'année qui vient sera, par conséquent, caractérisée par une pénurie de main-d'œuvre.

Les difficultés qui en résulteront pour l'agriculture dans la bataille de la production, ne pourront être surmontées que si la paysannerie ne cesse de travailler, malgré tous les obstacles et avec un idéalisme indomptable, aux dures tâches qu'impose cette bataille.

C'est un des devoirs les plus urgents de la propagande en faveur de la bataille de la production, de maintenir vivace et de fortifier dans notre paysannerie cet idéalisme opiniâtre et inébranlable. La paysannerie allemande doit être absolument convaincue qu'elle a une tâche sacrée à accomplir pour garantir l'existence de notre peuple. Le devoir de la propagande sera donc aussi d'élever une muraille idéale contre la désertion des campagnes dont la cause première est un égoïsme à courte vue.

Je serais reconnaissant au Comité National de la Propagande Économique s'il accordait son plein appui à cette tâche d'une extraordinaire importance au point de vue du ravitaillement, comme il l'a déjà fait à plusieurs reprises pour d'autres questions du domaine du travail en s'attirant toute notre reconnaissance. Je vous demande de garder toujours présent à l'esprit qu'il ne s'agit pas, à propos du manque de travailleurs agricoles, des intérêts de l'agriculture, mais que la question se pose de savoir si nous réussirons ou non à assurer le ravitaillement de notre peuple.

Il me faut étudier à ce propos un second secteur de la propagande, particulièrement important pour la bataille de la production, et dont l'intérêt s'est encore énormément accru en raison du manque de bras dans l'agriculture. Je veux parler des expositions agricoles qui servent au développement de la technique, ainsi qu'à maintes autres tâches de l'augmentation de la production. On sait que la Corporation Nationale de l'Alimentation a donné aux expositions une forme et un contenu nouveaux qui s'accordent avec les modifications essentielles de la propagande.

Nous avons fait dans les expositions économiques une très grande place à l'enseignement pratique considéré comme une des premières branches de l'économie. L'exposition de la Corporation Nationale de l'Alimentation, la «Semaine verte» et les grandes expositions paysannes, dans les diverses campagnes, en sont les témoins éloquents. Toutes ces expositions sont devenues un facteur essentiel de la bataille de la production. Elles ne sont plus, comme jadis, de simples foires, dans lesquelles une quantité considérable de firmes offrent dans une abondance confuse leurs produits à l'agriculture. Nous avons voulu en faire un instrument d'éducation. Le nombre des visiteurs de celles organisées par la Corporation Nationale de l'Alimentation s'est élevé l'année dernière à 5 millions environ. Les petites expositions, «foires aux animaux des arrondissements», qui sont le plus souvent organisées dans les sous-préfectures, jouent à ce propos un rôle tout particulier, dont l'importance est souvent mal comprise. C'est par elles que nous faisons connaître les exigences de la bataille de la production aux paysans dont on ne peut attendre la visite dans les grandes expositions, car il leur est impossible d'abandonner leur exploitation pour plus d'une demi-journée ou d'une journée entière. J'attache une importance spéciale à ce que l'on trouve partout dans ces expositions, — à côté des autres branches de l'enseignement pratique — des démonstrations pratiques de machines agricoles et d'outils permettant de réduire le travail fourni. Je les considère comme un moyen important de développer la technique agricole, remède indispensable au manque de main-d'œuvre. Je vois dans l'utilisation accrue de la technique par l'agriculture et dans l'exploitation renforcée des sources d'énergie, de l'électricité surtout, une des rares possibilités de remplacer les forces de travail qui nous manquent et de rendre moins pénible le travail agricole. Les expositions ne suffisent certes pas à développer à elles seules la technique agricole, et les autres moyens de propagande peuvent rendre à ce sujet de précieux services. J'ai cité l'exemple des démonstrations d'emploi des machines agricoles parce que nous disposons à ce sujet de résultats d'expérience qui démontrent que les expositions sont un instrument particulièrement efficace de la technique agricole. Je souhaite, dans l'intérêt de l'agriculture, que le Comité de Propagande soutienne pleinement les efforts de la Corporation Nationale de l'Alimentation dans ce domaine.

Si j'ai parlé jusqu'ici de la seule propagande en faveur de la bataille de la production et souligné tout particulièrement les devoirs de la propagande générale, cela ne signifie aucunement que je veuille ignorer la publicité privée et surtout celle des producteurs de produits alimentaires. J'estime au contraire qu'elle rend de précieux services dans la bataille de la production et qu'elle est absolument indispensable. Les firmes commerciales auraient tort de réduire leur budget de publicité, sous prétexte que la propagande générale en faveur de la bataille de la production entraîne forcément une augmentation des achats de produits agricoles. Il faut néanmoins exiger que la publicité en faveur de ces produits respecte les lignes générales de la bataille de la production. Je suis fermement convaincu que si la publicité privée observe les principes directeurs de la propagande menée en faveur de cette bataille, elle servira en définitive le mieux du monde les intérêts particuliers de chaque entreprise. Je me réjouis de constater que cette nécessité a été comprise en général par les producteurs et les marchands de denrées agricoles.

La politique du ravitaillement, comme je l'ai déjà dit en commençant, ne doit pas seulement tendre à favoriser l'augmentation de la production agricole, mais elle doit tout autant travailler à une utilisation plus rationnelle des produits obtenus. De là une foule de problèmes qui doivent être résolus, eux aussi, par la propagande. Nous avons, l'année dernière, abordé pour la première fois ce domaine, en lançant la campagne de la lutte contre le gaspillage des denrées alimentaires. Je peux affirmer aujourd'hui que le mot d'ordre de la « lutte contre le gaspillage » a été entendu par tout le peuple allemand. Mais la propagande n'a pas encore entièrement réussi à éveiller en chacun de nos concitoyens la volonté de prendre part à cette lutte. Ses lois ne permettent pas qu'il en soit autrement. *La propagande en faveur de la lutte contre le gaspillage* ne doit pourtant se ralentir en aucune façon, mais être au contraire poursuivie avec un effort accru. La lutte contre le gaspillage du pain nous tient cette année particulièrement à cœur. Le jour de la Fête de la Moisson, le Führer des Paysans allemands a invité dans son discours du Bückeberg le peuple allemand à témoigner plus de respect au pain, notre précieux bien commun. De mauvaises conditions atmosphériques et en partie déjà le manque de main-d'œuvre ont eu pour conséquence, cette année, une réduction des surfaces cultivées en céréales panifiables. Nous voici donc réduits à vivre sur nos stocks si nous ne voulons pas diminuer inutilement notre compte de devises par l'importation de céréales. C'est pourquoi nous avons interdit à l'agriculture d'utiliser les céréales panifiables comme fourrage. Mais ceci nous donne le droit d'exiger des citadins qu'ils ne gaspillent pas le moindre morceau de pain. Une excellente récolte nous a permis d'augmenter la consommation des pommes de terre, tout en limitant celle du pain. La propagande aura, au point de vue de la politique du ravitaillement, l'important devoir d'éduquer le peuple allemand de telle sorte qu'il évite de gaspiller le pain, et qu'il augmente sa consommation de pommes de terre.

PROPAGANDE ET CONSOMMATION. – Nous abordons ainsi le dernier problème important de la propagande, problème dont la solution impose au point de vue de la politique du ravitaillement des tâches sérieuses. Je veux parler de l'orientation de la consommation. La direction du ravitaillement a toujours insisté sur le fait que la ménagère allemande devait acheter d'abord les denrées alimentaires que chaque saison nous offre en quantités appréciables. La propagande a tiré les conséquences nécessaires de ces directives générales et a orienté les consommateurs allemands vers les produits en question.

Lorsque l'hiver dernier nous nous sommes mis à l'orientation de la consommation, nous n'avions encore aucune expérience, nous ne savions pas comment la population réagirait à l'emploi de tel ou tel moyen de propagande. Nous ne pouvions donc pas évaluer à l'avance l'importance de la demande des produits recommandés, ni les modifications que la consommation subirait dans ces conditions. Aujourd'hui nous pouvons affirmer que les moyens que nous avons employés ont fait entièrement leurs preuves.

Il fallait pour orienter la consommation utiliser la propagande dans deux directions différentes. Il s'agissait pour certains produits de provoquer une diminution de la consommation, pour d'autres, au contraire, il fallait souligner que la consommation pouvait être augmentée. La situation du ravitaillement joue donc un rôle décisif dans l'utilisation de la propagande pour l'orientation de la consommation. C'est pourquoi nous ne cessons, depuis l'hiver dernier, d'attirer, par les moyens les plus variés, l'attention de la population sur la nécessité de réduire la consommation des corps gras. Ce travail de propagande est pour une grande part à l'origine de la compréhension avec laquelle le peuple allemand a accueilli la réglementation de la vente des graisses que nous avons dû mettre en vigueur l'an dernier. Cet exemple suffit à démontrer que, dans certaines circonstances, la situation de notre ravitaillement exige une limitation de l'activité de la publicité privée. Il est inadmissible, du point de vue national, que l'on fasse de la publicité pour une marchandise dont la consommation ne doit en aucun cas être augmentée. C'est pourquoi j'ai été particulièrement satisfait de ce que le groupement économique des détaillants ait décidé en plein accord avec le Comité National de Propagande Économique, d'arrêter, jusqu'à nouvel ordre, toute publicité en faveur des matières grasses. On ne peut pas non plus recommander en ce moment un accroissement de la consommation du pain, mais il serait bon de provoquer, à l'aide de la propagande, l'abandon de la consommation du pain de froment et du pain à base de mélange seigle-froment pour celle du pain complet, beaucoup plus sain. Cette orientation q négative» de la consommation, comme on pourrait appeler la propagande en faveur d'une réduction des achats de certaines denrées alimentaires, n'a pourtant jamais été au premier plan de nos préoccupations. J'ai toujours considéré, au contraire, comme beaucoup plus important d'orienter le peuple allemand par une éducation et une propagande appropriées vers les produits dont la consommation peut et doit même être augmentée pour compenser les restrictions.

LA MOBILISATION DES FORCES ÉCONOMIQUES   *127*

Dans le cadre de cette orientation positive, nous avons opposé par exemple, au mot d'ordre «économisez les corps gras», la propagande en faveur d'une consommation accrue de marmelade et surtout de marmelade à bon marché. Nous sommes arrivés ainsi, pendant l'année 1936-1937, à écouler 2,4 millions de quintaux de marmelade, soit trois fois plus qu'en 1933. Des résultats satisfaisants ont également été obtenus dans les autres domaines de l'orientation positive de la consommation. Celle du poisson est passée de 5 kilogrammes par personne et par an, en 1913, à 12 kilogrammes en 1936. Celle du fromage blanc a augmenté de 60 pour 100 environ, depuis le début de la campagne en faveur de ce produit. Ce résultat est particulièrement appréciable parce qu'il a provoqué sans aucun doute une amélioration du ravitaillement en denrées riches en albumines, surtout dans les classes les plus pauvres. La campagne de l'hiver dernier en faveur du chou, que vous avez tous encore présente à l'esprit, a été un succès total. Elle a contribué, d'une manière décisive, à la résorption d'une récolte de choux de 50 pour 100 supérieure à la normale. Je voudrais vous citer un exemple qui illustre le succès de cette campagne. Avant qu'elle ne commence, les organismes cantonaux du SleswigHolstein n'écoulaient que 10.000 quintaux de choux, aujourd'hui leur débit quotidien atteint 45.000 quintaux (9). Ces quelques exemples démontrent donc que l'orientation, positive et négative, de la consommation entreprise l'hiver dernier est devenue aujourd'hui l'instrument indispensable de la politique du ravitaillement, en permettant de diriger la consommation selon les nécessités de l'économie nationale.

La propagande ne peut plus être séparée du ravitaillement. Nous avons besoin de la propagande générale comme de la publicité privée pour obtenir, dans la bataille de la production et dans l'orientation de la consommation, les résultats qui doivent assurer le ravitaillement de notre peuple.

Je voudrais, pour finir, insister sur une chose encore. Je crois qu'il est indispensable que la propagande au point de vue du ravitaillement s'organise en tenant compte des tâches d'importance nationale. Mais à mon avis, il est tout aussi nécessaire que la propagande ainsi organisée, et surtout la propagande générale, ne cessent de faire appel à l'idéalisme du peuple allemand, pour ne s'attacher qu'en deuxième ou troisième lieu à démontrer que les exigences de la communauté nationale à l'égard des individus profitent en fin de compte à ceux-ci. N'oublions pas que si le mouvement national-socialiste a pu

---

9. — Voir note, p. 18.

triompher en Allemagne, c'est seulement parce qu'il réunissait des idéalistes dans une lutte commune et était supérieur à tous les autres groupements et partis à fins égoïstes. Les devoirs de la politique du ravitaillement que nous impose l'avenir ne peuvent être résolus que si paysannerie et consommateurs se mettent à l'œuvre et travaillent comme une armée d'idéalistes.

(Allocution prononcée au Congrès National
de la « Propagande allemande », octobre 1937.)

TROISIÈME PARTIE

SUCCÈS OBTENUS ET TACHES NOUVELLES

CHAPITRE PREMIER

LA SITUATION AU POINT DE VUE DE LA POLITIQUE AGRAIRE

Le 12 décembre 1937, le Ministre du Reich Darré, Führer des Paysans allemands, a donné à la paysannerie allemande, dans un discours radiodiffusé, ses directives pour la bataille de la production pendant l'année à venir. Il a en même temps souligné que les conditions dans lesquelles cette bataille devrait être menée l'année suivante n'étaient pas devenues plus faciles, mais au contraire plus dures. Il a insisté tout particulièrement sur le fait que ces difficultés devraient être surmontées, autant qu'il est possible, grâce à une volonté de travail plus forte encore que celle dont était déjà animée la paysannerie. Il me paraît nécessaire après ces déclarations du Führer des Paysans allemands d'examiner à fond la situation au point de vue de la politique agraire. Pour en avoir une image complète, il faut étudier tout d'abord les trois domaines suivants : le travail fourni, les tâches futures, les forces dont nous disposons.

Le travail fourni. — Le Führer des Paysans allemands a déjà cité dans son discours trois exemples qui illustrent d'une manière saisissante le travail fourni par l'agriculture allemande dans le cadre de la bataille de la production, au cours de l'année dernière surtout. Il a souligné que la récolte de céréales de cette année a été aussi grande que celle de l'an dernier (10) quoique par suite des dégâts consécutifs aux intempéries hivernales, près de 500.000 hectares ou 7 pour 100 de la superficie cultivée en céréales panifiables aient du être retournés et ensemencés à nouveau au printemps. Le Führer des Paysans allemands a pu annoncer en outre que la récolte des plantes sarclées a été cette année la plus forte que l'Allemagne ait connue. La récolte de pommes de terre avec ses 55,3 millions de tonnes, celle des betteraves à sucre avec ses 15,7 millions de tonnes, dépassent respectivement de 30 et de 55,6 pour 100 la moyenne des six dernières années. Nous avons réussi aussi, trait caractéristique des succès de la bataille de la production, non seulement à maintenir la production laitière à son niveau antérieur, mais à l'augmenter chaque année de 1 milliard de litres environ, pour arriver aujourd'hui à 25,4 milliards. Ceci, malgré la diminution croissante des importations de fourrages. L'effort de production des agriculteurs se manifeste surtout dans le développement de leurs frais d'exploitation pendant ces dernières années. Selon l'Institut National de Statistique, l'agriculture allemande a dépensé, depuis le début de la bataille de la production, près de 1,4 milliard de marks de plus qu'elle ne l'aurait fait si ses frais d'exploitation étaient restés au niveau de 1932. Sur cette augmentation considérable plus de 800 millions de RM. correspondent à l'année économique 1936-1937.

On peut ce faire une idée précise des efforts de l'agriculture allemande en matière de ravitaillement en groupant les chiffres des récoltes de tous les produits du sol allemand et en les ramenant à un dénominateur commun par le calcul de leur valeur en féculents et en produits albumineux. Néanmoins, cet essai d'exprimer le développement de la production agricole reste insuffisant car il ne rend pas compte des résultats obtenus par une utilisation meilleure et plus rationnelle des récoltes, surtout en ce qui concerne les fourrages. Comme le montre l'exemple de la production laitière, ces résultats sont considérables.

Voici le tableau de la valeur totale des récoltes, calculée en féculents et en produits albumineux.

---

10. — Les chiffres définitifs de la récolte de 1937, soit 22,2 millions de tonnes, accusent un excédent de 330.000 tonnes par rapport à 1936, de 390.000 tonnes même, si l'on tient compte de la récolte de maïs.

TOTAL DES RÉCOLTES.

ANNÉES	VALEUR EN FÉCULENTS millions de tonnes.	VALEUR EN PRODUITS ALBUMINEUX milliers de tonnes.
1909-1913 (1)	50,7	5.310
1925	50,4	5.553
1926	47,3	5.286
1927	50,6	5.648
1928	51,7	5.614
1929	51,0	5.552
1930	54,7	6.024
1931	53,7	5.969
1932	57,1	6.340
1933	55,6	6.067
1934	50,1	5.289
1935	54,0	5.918
1936	59,2	6.542
1937	60,8	6.486
(1). Nouveau Reich.		

Il faut bien se pénétrer de ce que :

1. De 1930 à 1933, nous avons eu, grâce à une température favorable, une série de récoltes supérieures à la moyenne ;
2. la récolte de 1934 a été fortement éprouvée par une grande sécheresse.

Il est particulièrement important de noter que l'appel à la bataille de la production a été lancé pour la première fois à l'agriculture à l'automne 1934, par conséquent la récolte de 1935 a été la première à pouvoir en être influencée. En réalité le rendement des récoltes s'est constamment accru depuis cette période. Ceci vaut sans réserve pour leur rapport calculé en féculents. En ce qui concerne les produits albumineux dont la récolte n'a pas été augmentée l'année dernière, il faut tenir compte de ce que l'année précédente (1936) nous avons obtenu des quantités particulièrement importantes de produits albumineux par suite d'une récolte exceptionnelle de foin. La comparaison des chiffres montre clairement que nous avons eu ces dernières années des récoltes beaucoup plus importantes qu'avant la guerre. L'Institut National de Statistique a calculé que la récolte de 1937 est au point de vue de sa valeur en féculents la plus forte qui ait jamais été obtenue en Allemagne.

Pour compléter ces estimations, il faut jeter un coup d'œil sur l'importance des superficies cultivées pendant les dernières années.

TOTAL DES SUPERFICIES CULTIVÉES (11).
(Reich actuel.)

	HECTARES		HECTARES
1913	29.729.286	1935	28.752.227
1932	29.369.743	1936	28.746.842
1933	29.365.232	1937	28.724.000
1934	29.347.815		

Les chiffres annuels des relevés officiels de la superficie cultivée montrent donc qu'elle a diminué chaque année. En 1937 elle comprenait environ 650.000 hectares de moins qu'en 1932, alors que de 1913 à 1932 il y avait déjà eu une diminution d'environ 360.000 hectares. A cette diminution de la superficie cultivée depuis 1932 correspond une augmentation considérable des surfaces occupées par les habitations et les fermes, les forêts, les routes, les stades, les jardins publics, etc.

Il n'en reste pas moins que le produit total des récoltes calculé en féculents et produits albumineux s'est accru d'une façon considérable depuis le début de la bataille de la production, malgré la diminution importante des superficies cultivées. Celle-ci a eu par la force des choses une grande influence sur les résultats de cette bataille. Nous avons pourtant réussi en augmentant le rendement à l'hectare, non seulement à la compenser, mais encore à accroître énormément nos récoltes. Ceci est confirmé, en plus des chiffres déjà cités, par une nouvelle estimation de l'Institut pour l'Étude de la Conjoncture, au sujet du développement de la production agricole à l'hectare. Si nous représentons par 100 la moyenne des années 1910-1914, nous obtenons les chiffres suivants :

1880 à 1884	58
1910 à 1914	100
1925 à 1929	96
1930 à 1934	110
1933 à 1937	114

---

11. — Annuaire statistique du Reich, 1937, p. 87.

Ils montrent dans quelle mesure extraordinaire l'agriculture allemande a obéi dans ces dernières années au mot d'ordre de la bataille de la production. La ferme volonté de produire des paysans a permis de remporter des succès importants malgré le retour de circonstances atmosphériques défavorables. L'agriculture allemande a fait son devoir dans la lutte pour la liberté du ravitaillement allemand.

LES DEVOIRS. – L'agriculture allemande a fait dans le cadre de la bataille de la production des efforts considérables pour rendre le ravitaillement de l'Allemagne plus indépendant vis-à-vis de l'étranger qu'il ne l'était dans le passé. Le degré d'indépendance du ravitaillement national ne dépend pourtant pas du seul développement de la production, mais aussi de celui de la consommation. Celle-ci n'est pas restée stable depuis 1933, elle s'est au contraire accrue de manière appréciable. Il y a à cela deux raisons déterminantes : 1° la résorption du chômage a permis à près d'un tiers du peuple allemand, c'est-à-dire à 7 millions de chômeurs et à leurs familles, de se procurer des produits alimentaires en quantités infiniment plus grandes qu'à l'époque de la crise où ils devaient vivre de leur indemnité de chômage ; 2° le chiffre de la population allemande est passé de 66 millions en 1933 à 67,6 millions au début de 1937, soit une augmentation de 1,7 million. Notre peuple compte donc chaque année 400 000 âmes de plus environ. Nous pouvons par conséquent admettre qu'aujourd'hui, à la fin de l'année 1937, il y a à l'intérieur des frontières du Reich environ 2 millions de bouches à nourrir de plus qu'en 1933. Naturellement, cet accroissement de la consommation des denrées alimentaires n'a pas permis que toutes les conséquences de l'augmentation de la production agricole se fassent sentir dans le sens d'une diminution de notre dépendance alimentaire à l'égard de l'étranger.

Nous avons pourtant obtenu dans ce domaine d'importants résultats. Voici, par rapport à la consommation totale, le pourcentage des produits nationaux d'après les calculs de l'Institut pour l'Etude de la Conjoncture.

	Pour 100.		Pour 100
1927	65	1932	75
1928	71	1933	81
1929	73	1934	80
1930	77	1935	84
1931	78	1936	81

Comme la récolte de 1937 a été plus importante que celle de 1936, on peut espérer que le degré d'autonomie de notre ravitaillement atteindra à nouveau en 1937 le pourcentage de 1935. Il n'en reste pas moins que nous devons encore importer de l'étranger 15 à 20 pour 100 des denrées qui nous sont nécessaires. Retenons pourtant que dans certains domaines importants, nous sommes presque ou même entièrement indépendants de l'étranger. C'est le cas par exemple pour les pommes de terre, le sucre, le lait, le seigle, et dans une très large mesure aussi pour la viande et le froment. Par contre, nous dépendons encore très largement de lui pour les graisses. Nous avons bien réussi à faire passer le pourcentage de notre production de 40 à 50 ou 55, mais il nous faut toujours importer 45 pour 100 environ de nos besoins en matières grasses.

Pour les fourrages, nous ne sommes malheureusement pas non plus en état d'affirmer, malgré les grands progrès réalisés, que notre autonomie est suffisante, ceci d'autant moins que l'augmentation de la production des graisses dépend en Allemagne dans une très large mesure de celle de la production des fourrages. Comme l'a dit clairement le Führer des Paysans allemands, une des tâches les plus urgentes de la bataille de la production sera de réaliser cet accroissement de la production fourragère.

Il ne faut pas oublier que les deux raisons qui ont empêché la bataille de la production d'avoir toutes ses conséquences sur le plan du commerce extérieur, l'augmentation de la population et les divers besoins de terrains, continueront de jouer à l'avenir. La construction des autostrades par exemple est encore inachevée. Il faut admettre, dans l'ensemble, que malgré les succès considérables déjà obtenus, notre ravitaillement ne peut pas encore être tenu pour assuré dans une mesure suffisante par notre sol. Le problème deviendra même plus difficile à résoudre chaque année. Les devoirs qu'impose la bataille du ravitaillement restent aujourd'hui comme hier, extrêmement importants.

Les forces économiques. — Le national-socialisme ne conçoit pas que l'on puisse élaborer sur le papier un plan permettant d'obtenir en tant ou tant d'années la liberté du ravitaillement national. L'échec des divers plans quinquennaux établis par l'Union Soviétique dans le domaine agricole, a montré, même aux théoriciens russes desséchés, que la nature ne se laisse pas enfermer dans les projets humains. Il n'est donc pas possible de préciser à l'avance ce que l'on peut obtenir. On peut, par contre, mettre en œuvre toutes ces forces en les orientant vers des buts bien choisis et créer ainsi les conditions nécessaires à un accroissement des récoltes. Il faudra, pour l'avenir, se faire une image des forces dont nous disposons pour la poursuite de la bataille de la production. Le but de cet exposé n'est pas de le faire d'une façon complète. Nous donnerons simplement quelques indications qui paraissent importantes pour l'appréciation des réserves d'énergie qui existent dans ce pays.

Efforçons-nous avant tout de bien comprendre que la loi du rendement décroissant du sol joue dans l'agriculture alors que l'industrie ne la connaît pas, car elle est placée sous le signe de la diminution des frais généraux corrélative à l'augmentation de la production. Dans l'agriculture c'est le contraire qui se produit, toute augmentation de rendement exige une augmentation croissante de matériel. Le moment vient où les prix restant les mêmes toute augmentation nouvelle de ce rendement entraîne une élévation des frais généraux que le bénéfice obtenu ne compense plus. Un changement de rapports entre le prix de revient et les bénéfices peut naturellement faire apparaître ce phénomène plus tôt ou plus tard que ne le laisserait prévoir l'état de la technique. Il faut tenir compte de ce que la production agricole est régie par des lois pour juger les faits que nous allons exposer. Pendant l'année économique 1936-1937, les dépenses d'exploitation de l'agriculture allemande se sont accrues, selon les calculs de l'Institut National de Statistique, de 365 millions de marks alors que le produit des ventes ne dépassait que de 163 millions celui de l'année 1935-1936. Ces frais d'exploitation qui comprennent essentiellement les dépenses faites pour augmenter la production se sont donc élevés en 1936-1937 deux fois plus vite que les bénéfices résultant de l'accroissement des récoltes. C'est là une des conséquences de la loi du rendement décroissant du sol en corrélation avec l'altération du rapport entre les prix des produits agricoles et les frais de production. L'écart entre les prix des produits agricoles et ceux des produits industriels n'a pas diminué l'année dernière comme il l'a fait pendant les quatre premières années de la politique agraire du national-socialisme. Il s'est même considérablement accru, comme le montre le tableau suivant :

	INDICE DES PRODUITS AGRICOLES	INDICE DES PRODUITS FINIS	ÉCART DES PRIX
Moyenne de l'année 1932.	91,3	117,9	26,6
— — 1933.	86,8	112,8	26
— — 1934.	95,9	115,8	19,9
— — 1935.	102,2	119,4	17,2
— — 1936.	104,9	121,2	16,3
— — 1937.	104,6	124,6	20
Janvier 1938	105	125,9	20,9

On peut d'autant moins négliger ces faits qu'ils se trouvent confirmés par l'évolution de l'endettement agricole. On constate d'abord que les dettes de l'agriculture ont diminué d'année en année jusqu'en 1935-1936, puis que cette diminution est devenue moins importante ces dernières années pour finalement s'arrêter. Les renseignements fournis par l'Institut national de Statistique permettent d'établir le tableau suivant :

VARIATIONS DU NIVEAU DE L'ENDETTEMENT AGRICOLE
PAR RAPPORT A L'ANNÉE PRÉCÉDENTE.

	Millions de rm.
1932-1933	— 200
1933-1934	— 200
1934-1935	— 300
1935-1936	— 100
1936-1937	± 0

Faisons appel pour donner une signification plus précisé à ces chiffres aux documents publiés par la « Deutsche Rentenbank und Kreditanstalt » sur la situation du crédit dans l'agriculture allemande pendant l'année économique 1935-1936. Nous constatons que pour la moyenne de toutes les exploitations agricoles du Reich cette année marque encore une diminution de l'endettement, mais il s'accroît déjà légèrement de 0,6 et 0,2 pour 100 par rapport à l'année précédente pour les fermes héréditaires de l'Allemagne du Centre et du Nord-Ouest. Nous n'avons pas encore de chiffre exact sur l'endettement agricole de 1936-1937. L'Institut National de Statistique estime provisoirement — comme nous l'avons vu plus haut — qu'il n'y aura cette année, dans l'ensemble du Reich, ni diminution ni accroissement de l'endettement. Ce sont là des estimations partielles et il semble nécessaire d'attendre des résultats définitifs. Les coups de sonde donnés jusqu'à présent ont montré que dans le Sleswig-Holstein, la région de la Weser-Ems, la Westphalie, la Poméranie et le Wurtemberg, il faut compter sur une augmentation de 1 pour 100 de l'endettement agricole par rapport à l'année 1935-1936. Cet examen fait ressortir qu'il s'agit en premier lieu de régions où l'agriculture est très étroitement liée à l'élevage, ou bien de celles où prédomine la structure paysanne. Les exploitations familiales par ailleurs dépendent des revenus tirés de l'élevage dans une tout autre mesure que les grandes propriétés rurales, qui relativement à leur superficie ont un cheptel moins important. Nous trouvons la confirmation de cette idée dans le fait que ce sont les exploitations familiales et non les grandes propriétés de l'Allemagne du Centre et du Nord-Ouest qui ont vu s'accroître leurs dettes en 1935-1936. Il faut en chercher la raison dans la situation de l'indice des prix, qui pour les bêtes de boucherie approche 90 (avant guerre = 100), tandis que pour les produits agricoles il s'élève à environ 115. Cet « écart interne des prix agricoles », entre les produits des champs et ceux de l'élevage, est déterminé d'une part par l'évolution économique, mais il est justifié de l'autre par les nécessités du ravitaillement et c'est volontairement qu'il a été maintenu. Il existait déjà quand nous prîmes le pouvoir, car la crise n'avait d'abord atteint que les produits des champs, et à l'époque du « système » seuls ceux-ci étaient protégés en particulier les céréales. Les prix des produits d'élevage, par contre, n'ont commencé à baisser qu'en 1930-1931 et ont atteint leur point le plus bas en 1932-1933. Des raisons de politique commerciale rendaient en outre leur protection beaucoup plus difficile. Laissons de côté la question de savoir dans quelle mesure l'influence des grandes entreprises s'est fait plus fortement sentir sur les décisions des gouvernements du « système .» Quoi qu'il en soit, la discordance des prix des produits des champs et de ceux des produits d'élevage existait déjà lors de l'entrée en vigueur de la réglementation du marché, et il n'a pas été possible du point de vue social d'élever les seconds au niveau des premiers.

Mais les difficultés qui commencèrent à se manifester dès 1934, nous obligèrent à accorder à la « production première » une certaine augmentation de ses prix par rapport à ceux de l'élevage car il s'agissait en premier lieu de tirer plus de produits de champs dont la superficie était limitée, alors qu'il existait à l'époque un certain excédent de produits d'élevage. Il fallait donc employer le moyen consistant à favoriser le développement de la culture, ce qui eut pour conséquence dès la première année du deuxième plan de quatre ans, une amélioration des prix payés aux producteurs pour le seigle et la pomme de terre à usage industriel. Au point de vue de la politique agraire, cet « écart interne des prix agricoles » signifiait la limitation des bénéfices des éleveurs par opposition à ceux des entreprises qui s'occupaient principalement de culture. En d'autres termes : comme d'une part les revenus des grandes exploitations, dans l'Est surtout, consistent essentiellement en produits du sol, en pommes de terre, en seigle, mais aussi en autres céréales et en betteraves à sucre, et que d'autre part, l'élevage constitue l'épine dorsale des exploitations familiales et de celles de l'Ouest, les prix pratiqués rendent beaucoup plus difficile la situation de ce dernier type d'entreprise et celle des fermes de l'Ouest et du Sud.

Il ressort de tout ceci que la loi du rendement décroissant' et l'altération du rapport des prix agricoles et des frais de production imposent des limites au développement de la bataille de la production. Nous approchons du moment — ne l'avons-nous pas déjà atteint ? — où une nouvelle augmentation de la production, absolument nécessaire au point de vue national, ne renforcera plus la puissance économique des exploitations agricoles, mais au contraire, l'affaiblira. La question des travailleurs agricoles ne peut être séparée du problème que nous venons d'examiner. On sait que l'agriculture manque de bras. Les milieux autorisés n'ignorent pas l'importance de ce fait au point de vue de notre ravitaillement. La déclaration du Führer des Paysans allemands qui concluait ainsi son discours radiodiffusé : « Le peuple a faim quand les champs ne sont pas travaillés », correspond très exactement à la sévère réalité.

Une deuxième loi joue en agriculture à côté de celle du rendement décroissant du sol, c'est la loi du minimum. Elle dit que l'importance du profit dépend toujours du facteur de production le plus limité. Il n'y a pas de doute que le travail est actuellement parmi tous les facteurs de la production celui qui est au niveau le plus bas. Souvenons-nous des mots d'ordre lancés par le Führer des Paysans allemands pour la bataille de la production. Ils exigent presque tous un surcroît de travail dans l'intérêt de l'agriculture, c'est pourquoi le Führer des Paysans allemands a fait appel à la volonté de produire des agriculteurs. Mais il faut garder présentes à l'esprit les conditions indispensables à la réalisation de l'effort exigé de nous.

Les répercussions du manque de travailleurs sur l'économie de nos exploitations agricoles ne sont pas négligeables. Selon l'Institut National de Statistique les dépenses»de l'agriculture au point de vue des salaires en espèces n'ont cessé de croître depuis la prise du pouvoir. Elles ont atteint :

MILLIONS DE RM.

1932-1933	1.332	
1933-1934	1.329	
1934-1935	1.419	soit 90 millions de plus que l'année précédente.
1935-1936	1.492	73 —
1936-1937	1.562	80 —

Dans l'ensemble, les salaires payés ont augmenté depuis 1933-1934 d'environ 250 millions de marks, soit 18 pour 100. L'agriculture s'est efforcée de lutter ainsi contre le dépeuplement des campagnes. On ne peut expliquer ces dépenses supplémentaires par l'augmentation du nombre des travailleurs agricoles tout juste accru au début de la bataille du travail. Ces années dernières elles ont été exclusivement la conséquence de l'élévation du taux des salaires. Il semble du reste que ceux-ci se soient accrus plus encore que ne le font ressortir les chiffres fournis par l'Institut National de Statistique et leur augmentation atteint son maximum dans les entreprises pratiquant l'élevage, donc dans les exploitations familiales où le départ des auxiliaires masculins et féminins s'est fait sentir avec le maximum d'acuité. Cette augmentation des salaires des travailleurs agricoles, conséquence du manque de main-d'œuvre, constitue une charge pour l'agriculture, si désirable que soit l'élévation de leur niveau de vie ; la fixation des prix des produits agricoles impose des limites à la bonne volonté dont font preuve les agriculteurs quant à l'amélioration de la situation sociale des travailleurs agricoles. Il faut tenir compte surtout de ce que cette fixation des prix s'est faite à une époque où les conséquences de la crise qui précéda la prise du pouvoir était encore sensibles. Les prix des produits agricoles ont été stabilisés à un niveau qui permettait certes de sauver l'agriculture mais qui ne lui donnait pas la possibilité de participer à l'expansion économique générale dans la mesure où le faisait l'ensemble de l'économie nationale. C'est ce qui résulte du tableau ci-contre :

Le revenu national s'est, par conséquent, beaucoup plus rapidement accru pendant ces dernières années que les bénéfices agricoles. Il y a là un problème important qui concerne la structure générale et l'évolution de notre économie. Le tableau ci-contre fournit une explication nouvelle des constatations faites plus haut, au sujet de l'accroissement de l'endettement et de la rupture d'équilibre entre l'augmentation des frais d'exploitation et celle des bénéfices agricoles pendant l'année économique 1936-1937.

REVENU NATIONAL milliards de Rm.	BÉNÉFICES AGRICOLES milliards de Rm.
1932 45,2	1932-1933 6,4
1933 46,6	1933-1934 7,4
1934 52,7	1934-1935 8,3
1935 57,9	1935-1936 8,7
1936 62,6	1936-1937 8,86
1937 .... 65 à 70	
Augmentation générale 50 pour 100 environ.	Augmentation générale 38 pour 100 environ.

Nous arrivons à cette conclusion que la cause de cette évolution réside dans l'opposition entre la liberté du secteur industriel et la réglementation du secteur agraire. Mais comme je l'ai déjà dit à Goslar, la coexistence de deux systèmes économiques différents n'est possible que dans les périodes intermédiaires. L'application à l'industrie du principe de la subordination économique, rendue plus nécessaire encore pour d'autres raisons, n'en devient que plus urgente. Le principe national-socialiste « l'intérêt général prime l'intérêt particulier » appliqué dans le secteur agraire à un ordre économique réel, a subi dans l'effort commun de la bataille de la production l'épreuve du combat. Il faut que pour les autres branches de l'économie la mise en pratique de ce principe se fasse aussi sur la base d'une organisation du marché conçue sur le plan national.

Nous avons cherché à démontrer que jusqu'à présent la bataille de la production nous a valu de grands succès. Ils n'ont pas été obtenus dans le libre jeu des forces économiques et n'auraient pu l'être car ils ne pouvaient naître que de l'organisation économique nationale-socialiste. Ils prouvent que l'idée libérale de l'intérêt particulier seul moteur de l'activité économique et de l'augmentation de la production, est une erreur car quoique cette augmentation ait eu pour résultat une baisse de profit net dans le secteur agraire, elle a été considérée comme un devoir moral. Laissons de côté la question de savoir si une hausse libérale des prix des produits agraires aurait provoqué un tel accroissement de la production — nous ne le croyons pas — mais il est certain que cette contribution de l'agriculture à la vie économique nationale n'aurait jamais eu la même valeur. Elle n'aurait jamais permis de réaliser dans les autres domaines de la politique les grandes tâches qui s'imposaient à nous.

Il nous fallait montrer en second lieu la difficulté des devoirs accomplis, souligner que les milieux responsables se rendaient parfaitement compte du degré de bonne volonté qu'ils réclamaient des paysans. L'agriculture tout entière et la paysannerie en particulier — qui supportait les charges les plus lourdes — n'ont pas trahi la confiance mise en elles. Il s'agissait enfin de définir les limites des possibilités de production, limites fixées essentiellement par la coexistence de deux principes économiques différents, l'un dans le secteur agraire, l'autre dans le reste de l'économie.

(Article publié dans le périodique
Die Deutsche Volkswirtschaft, 7e année, Cahier I.)

Celui qui veut le maintien et l'avenir du peuple, doit vouloir la paysannerie.

CHAPITRE II

LA BATAILLE DE LA PRODUCTION : UNE QUESTION DE FOURRAGES

Le Président du Conseil des Ministres, le général Göring, chargé de l'exécution du plan de quatre ans, a annoncé, le 23 mars 1937, des mesures étendues destinées à accélérer le rythme de la bataille de la production, et il a créé, en particulier, en décidant la hausse du prix des pommes de terre à usage industriel, les conditions favorables à une extension de la culture de ce tubercule. Cette mesure a été considérée de divers côtés comme imposée par les circonstances, et destinée simplement à remédier aux dommages considérables subis pendant l'hiver par les cultures de froment et de seigle. En effet, 5,81 pour 100 de l'ensemble des superficies cultivées en seigle, et 9,6 pour 100 de celles cultivées en blé, soit au total 500.000 hectares environ, avaient dû être retournés et ensemencés à nouveau. Il y avait des années que l'hiver n'avait pas causé de dommages aussi étendus. Les mesures prises pour augmenter la production des pommes de terre parmi lesquelles il faut citer la diminution, avec effet rétroactif à partir du 1er janvier 1937, du prix des engrais azotés, n'étaient pas inspirées par les circonstances, mais avaient un caractère de principe. On pouvait s'en douter depuis que la Corporation Nationale de l'Alimentation avait préparé quelques mois auparavant par l'intermédiaire de la Confédération Générale de l'Industrie Sucrière allemande, l'extension des surfaces réservées à la culture de la betterave à sucre.

Toutes les mesures que nous venons de citer visaient à augmenter la production de fourrages. L'on était parti du principe d'expérience que le ravitaillement du peuple allemand en céréales panifiables pouvait être presque complètement assuré, même dans les mauvaises années, par la production nationale, à condition que les fourrages destinés à l'entretien et à l'amélioration du cheptel, existent en quantité suffisante pour que l'on puisse éviter d'utiliser ces céréales pour la nourriture des animaux. Ce n'était pas le cas jusqu'à présent en Allemagne. De 1931 à 1936, 2,7 millions de tonnes de céréales panifiables ont été utilisées en moyenne chaque année comme fourrages. La consommation totale des céréales panifiables, pendant ces dernières années, se décomposait ainsi :

De 1931-32 à 1935-36 (12)

	MILLIONS DE TONNES
Semences	1,1
Pertes	0,3
Consommation humaine	9,0
Soit au total	10,4
Fourrage	2,7
Consommation totale	13,1

On s'aperçoit, en comparant la consommation et la production des céréales panifiables, que celle-ci suffit en Allemagne à assurer la consommation humaine à l'exclusion de la nourriture des animaux. L'Allemagne a récolté en céréales panifiables :

	MILLIONS DE TONNES		MILLIONS DE TONNES
En 1927	10,2	En 1933	14,5
— 1928	12,5	— 1934	12,3
— 1929	11,7	— 1935	12,3
— 1930	11,6	— 1936	11,9
— 1931	11,1	— 1937	11,3
— 1932	13,6		

La diminution des quantités récoltées dans les années qui suivirent la récolte exceptionnelle de 1933, est due presque

---

12. — Les chiffres cités dans cet article sont empruntés pour la plupart au numéro spécial des comptes rendus du Dr Hans v. d. Decken sur l'agriculture « *Situation de l'Allemagne au point de vue de l'autonomie de son ravitaillement en produits agricoles* » — qui doit paraître prochainement.

exclusivement à la réduction des superficies cultivées. Celle-ci est elle-même la conséquence d'une part de l'augmentation des superficies cultivées en produits de meilleur rendement, ou plus nécessaires (approvisionnement en matières premières) et d'autre part, de l'utilisation du sol pour des buts non agricoles. En effet, le rendement à l'hectare a été de 1933 à 1936 de 22,2 quintaux(13) en moyenne, contre 20,9 de 1929 à 1932 pour le blé d'hiver, et de 17,3 quintaux contre 17 pour le seigle d'hiver, à la même époque. Il s'était donc considérablement élevé depuis la prise du pouvoir.

Le fait que la consommation de céréales panifiables peut être assurée en Allemagne par la récolte nationale — sauf dans les années particulièrement défavorables — si l'on dispose d'autres fourrages en quantité suffisante ne résoud naturellement pas le problème du ravitaillement en froment dont la consommation tend à s'accroître au détriment de celle du seigle. L'orientation de la consommation aura l'important devoir d'arrêter cette évolution et si possible d'en renverser le sens. 30 pour 100 seulement du sol allemand sont considérés comme bons par l'Office National de Répartition du Sol. On ne peut donc augmenter à volonté la production du froment, car le ravitaillement de l'Allemagne en céréales panifiables en serait rendu impossible.

L'APPROVISIONNEMENT EN PAIN ET L'APPROVISIONNEMENT EN FOURRAGES. – Le but de cet exposé est simplement de souligner les rapports existants entre l'approvisionnement en fourrages et le ravitaillement en céréales panifiables. L'interdiction édictée cet été d'utiliser les céréales panifiables pour la nourriture du bétail n'est qu'une conséquence de cet état de choses. Elle ne pouvait être appliquée à l'économie nationale, que si l'on donnait à l'agriculture le moyen de remplacer ces céréales, aussi le Reich a-t-il préparé en même temps la livraison de maïs étranger dans la mesure où le permettaient les possibilités d'importation. La tentative ainsi faite pour combler le déficit de notre approvisionnement a été soutenue d'une façon décisive par l'augmentation de la production de plantes sarclées, possible grâce aux mesures prises au début de l'année. La récolte actuelle de plantes sarclées est la plus forte que l'Allemagne ait jamais connue. La récolte de pommes de terre qui atteint 55,3 millions de tonnes dépasse de 30 pour 100 environ la récolte moyenne des années 1930-1935. Celle des betteraves sucrières avec ses 15,7 millions de tonnes dépasse de 55,6 pour 100 la moyenne

---

13. — N.d.T. : Quintaux métriques.

des six dernières années. Comme, d'autre part, la récolte de céréales fourragères a produit cette année un excédent de 580.000 tonnes par rapport à l'an dernier, le ravitaillement en fourrages a permis dans l'ensemble, à chaque exploitation agricole, de respecter l'interdiction d'utiliser les céréales panifiables pour l'alimentation du bétail, sans qu'il soit nécessaire de recourir à des mesures de contrainte. Ce fait se trouve confirmé par l'ampleur des livraisons de céréales panifiables de cette année. L'agriculture a fourni au total — jusqu'au 31 octobre 1937 environ 37 pour 100 de seigle, et 26,5 pour 100 de froment de plus que l'année dernière à pareille époque. L'année 1937 montre donc mieux peut-être qu'une vue d'ensemble sur la structure de la consommation et de la production des céréales panifiables de ces dernières années, qu'un approvisionnement suffisant en fourrages est la condition nécessaire d'un ravitaillement suffisant en céréales panifiables. Il est en même temps indispensable pour assurer le ravitaillement en viande, graisses et œufs.

Il serait faux de croire que le ravitaillement de l'Allemagne en fourrages est parfaitement garanti, du fait que nous avons réussi à remplacer les importations actuelles par du fourrage produit en Allemagne. La tâche de la production fourragère est bien plus vaste. Nous atteindrons à la liberté absolue de notre ravitaillement non pas seulement grâce à ce remplacement des fourrages importés par les fourrages nationaux, mais en outre par la production d'une quantité de fourrages suffisante, pour obtenir, en Allemagne, les produits d'origine animale jusqu'à présent achetés à l'étranger. Il est clair que notre ravitaillement ne peut être assuré d'une manière aussi totale en raison de l'augmentation du chiffre de la population et de l'élévation de son niveau de vie. Tel n'est pas non plus le but de la bataille de la production, car nous ne nous opposons nullement à l'importation des produits alimentaires, à condition que l'étranger soit prêt à accepter en paiement nos produits finis, ce qui n'est malheureusement pas toujours le cas. Il nous faut réaliser pleinement dans quelle mesure nous dépendons de l'étranger, nous allons donc donner ci-dessous un aperçu de ce degré de dépendance dans les principaux domaines du ravitaillement.

LE POINT FAIBLE DE NOTRE RAVITAILLEMENT DU POINT DE VUE DE NOTRE DÉPENDANCE VIS-A-VIS DE L'ÉTRANGER. — C'est sans aucun doute la question des graisses, comme le montre le tableau de la page suivante.

RAVITAILLEMENT EN GRAISSES
(consommation alimentaire et industrielle).

	CONSOMMATION TOTALE en 1.000 tonnes graisses pures	PRODUCTION NATIONALE (compte non tenu des fourrages importés).	PRODUCTION NATIONALE NETTE (déduction faite des graisses produites à l'aide des fourrages importés).
		pour 100.	pour 100.
1909-1913 .	1.808	59	40
1932	2.232	47	36
1933	2.108	52	42
1934	2.158	53	44
1935	2.032	57	50
1936	2.234	55	49

L'augmentation considérable de la consommation des corps gras par rapport à l'avant-guerre est moins intéressante que le fait suivant : une fois mises à part les quantités de graisses obtenues à l'aide de fourrages importés, on s'aperçoit que 49 pour 100 seulement de la consommation totale des graisses alimentaires et industrielles sont produits en Allemagne même. Si l'on ne tient pas compte des fourrages importés, la production nationale s'élève à 55 pour 100 de la consommation totale. Cette production ne peut pourtant pas être considérée comme vraiment nationale. La véritable indépendance au point de vue du ravitaillement en corps gras ne pourrait être obtenue que si nous réussissions :

1. à produire avec des fourrages nationaux les quantités de corps gras provenant des fourrages importés ;
2. à augmenter la production de fourrages de manière à pouvoir tirer des fourrages nationaux les quantités de corps gras jusqu'ici importées.

Bien entendu, ce n'est pas là le seul moyen d'accroître l'indépendance de notre ravitaillement en corps gras. L'agriculture allemande sera, à ce propos, puissamment aidée par la reprise de la pêche à la baleine et la fabrication synthétique des graisses qui peut libérer pour le ravitaillement les corps gras jusqu'à présent utilisés à des fins techniques. On peut également ne pas se contenter de produire des graisses animales et développer la culture des plantes oléagineuses. L'emploi de ce dernier moyen se heurtera pourtant à des difficultés, aussi longtemps que nous n'aurons pas réussi à faire pousser des plantes oléagineuses dont le rendement soit tel qu'elles puissent avantageusement remplacer les plantes fourragères. Le porc et la vache laitière sont, pour l'instant, dans le cadre de la production agricole, les sources de corps gras qui fournissent la plus grande part de notre ravitaillement, et l'importance de leur rôle pourra encore grandir à l'avenir. Du reste, on peut conclure des considérations précédentes que :

1. La part de la production nationale nette, dans la consommation totale des corps gras, s'est accrue depuis 1932 de près du tiers ;
2. 6 pour 100 seulement de cette consommation proviennent actuellement des fourrages importés, alors que cette proportion atteignait avant la guerre 19 pour 100 et 11 pour 100 en 1932 ;
3. malgré une forte diminution des importations de fourrages, la production nationale de graisses a considérablement augmenté.

Le tableau ci-dessous précise encore l'importance des fourrages, pour la bataille de la production.

DÉPENDANCE DE L'ALLEMAGNE A L'ÉGARD DE L'ÉTRANGER EN CE QUI CONCERNE LE RAVITAILLEMENT EN LAIT ET PRODUITS DÉRIVÉS, EN VIANDE ET GRAISSE DE PORC.
(Pourcentage de la production nationale par rapport à la consommation totale.)

	LAIT ET PRODUITS DÉRIVÉS		VIANDE DE PORC		GRAISSE DE PORC	
	apparent (1)	réel (1)	apparent (1)	réel (1)	apparent (1)	réel (1)
1909-1913 ..	91	59	98	61	77	48
1932	89	60	99	84	73	61
1933	91	65	99	94	80	76
1934	91	70	99	89	88	80
1935	90	76	98	91	90	84
1936	90	75	96	93	90	87

(1) *Apparent* : c'est-à-dire compte non tenu de la part revenant aux fourrages importés.
(1) *Réel* : c'est-à-dire déduction faite de cette même part.

La production nationale réelle s'est donc accrue de façon considérable pendant ces dernières années, alors que la production apparente, c'est-à-dire celle qui est basée sur les importations de fourrages étrangers, n'a cessé de diminuer.

Il est vrai que la production du lait et de ses produits dérivés couvrait, avant la guerre, notre consommation dans la même mesure qu'aujourd'hui. La structure de la production nationale du lait et de ses produits dérivés s'est, entre-temps, beaucoup améliorée. Avant la guerre, et en 1912 encore, 90 pour 100 environ des produits consommés provenaient d'Allemagne, mais les deux tiers seulement en étaient fournis par des fourrages nationaux. Grâce à l'augmentation de la production fourragère allemande au cours de la bataille de la production, 75 pour 100 de ces produits provenaient en 1936 de fourrages nationaux, alors que la proportion n'était que de 60 pour 100 en 1932. 15 pour 100 de la consommation totale du lait et des produits dérivés dépendent encore des fourrages importés. Il faudrait donc, pour atteindre à l'indépendance absolue dans ce domaine, augmenter la production nationale de fourrages dans une proportion qui permette :

1. De fournir les 10 pour 100 de la consommation totale de lait et de produits dérivés que nous importons encore ;
2. d'obtenir, en Allemagne, les 15 pour 100 de la production de lait et de produits dérivés qui proviennent encore de fourrages étrangers.

La situation est la même au point de vue de la viande et de la graisse de porc. La consommation de viande de porc, il est vrai, est presque entièrement assurée depuis des années, par notre cheptel porcin, le pourcentage provenant de l'importation est relativement faible. Nous dépendons pourtant toujours de l'étranger pour notre ravitaillement en viande de porc, et ceci dans une mesure, qui du point de vue économique ne laisse pas de nous préoccuper. Si l'on tient compte des fourrages importés, le pourcentage des importations de viande de porc atteint encore 16 pour 100 de la consommation en 1930, mais tombe à 7 pour 100 en 1936. Ces chiffres montrent quel point le ravitaillement en viande de porc dépend de l'approvisionnement en fourrages. Il ne faut pas oublier qu'avant la guerre les deux tiers seulement du cheptel porcin allemand étaient nourris par la production nationale.

Il est inutile d'entrer dans les détails à propos du ravitaillement en graisse de porc, qui a évolué parallèlement à celui des matières grasses et de la viande de porc.

Les raréfactions de denrées alimentaires, conséquence d'une pénurie antérieure de fourrages. — Il ressort de tout ce qui précède que la dépendance dans laquelle se trouve encore l'Allemagne, du point de vue .alimentaire, est pour une part essentielle une question de fourrages. Nous avons montré qu'un ravitaillement suffisant en fourrages est la condition nécessaire pour assurer notre approvisionnement en pain. Nous avons établi, en outre, que notre dépendance actuelle vis-à-vis de l'étranger, dans le domaine des graisses, des produits laitiers et de la viande, bref de tous les produits d'origine animale, ne peut être réduite que par l'augmentation de la production fourragère. Rappelons enfin, pour souligner les résultats de cette enquête, que toutes les raréfactions de produits qui se sont manifestées ces dernières années en Allemagne, sont la conséquence d'une pénurie antérieure de fourrages. Que l'on songe à la rareté de la viande — surtout de porc, mais aussi de bœuf — consécutive à la sécheresse de 1934, à celle des œufs et du beurre, et enfin à celle du porc, dont nous sommes menacés pour 1938, en raison de l'insuffisance du ravitaillement en fourrages pendant l'année économique 1936-1937.

On comprend ainsi pourquoi nous avons attaché une telle importance à l'augmentation de la production fourragère depuis le début de la bataille de la production, et pourquoi cette année, sur les sept mots d'ordre que le Führer des Paysans allemands a donnés pour principes directeurs de la bataille de la production en 1938, il y en a quatre qui visent au renforcement de notre indépendance au point de vue du ravitaillement en fourrages, pour deux qui sont relatifs au manque de main-d'œuvre et un appel général. Ce sont les suivants :

1. Augmentez le rendement de la culture des plantes sarclées !
2. Récoltez trois fois en deux ans grâce aux cultures intercalaires !
3. Les prairies dissimulent d'immenses réserves !
4. Élevez du bétail productif et nourrissez-le comme il faut !

1° *Augmentez le rendement de la culture des plantes sarclées*. — Les mêmes motifs qui l'an dernier nous incitaient à faire effort pour étendre la culture des plantes sarclées, ont présidé au choix de ce mot d'ordre. Cette culture fournit par hectare une valeur nutritive deux à quatre fois plus grande que celle des céréales. Un hectare de betteraves à sucre ou 1,9 hectare de pommes de terre assurent en moyenne l'équivalent de la valeur nutritive de 3,2 hectares d'orge ou de 3,8 hectares de seigle. Alors que l'année précédente nous demandions pour augmenter la récolte de plantes sarclées, un accroissement de la production à l'hectare et l'extension des superficies cultivées, aucune propagande n'est faite cette année en faveur d'une nouvelle extension des surfaces cultivées en pommes de terre. Il importe davantage de conserver les gains acquis. Pourtant cette extension est nécessaire en ce qui concerne la betterave à sucre, et avant tout sur les terres où les conditions sont favorables, mais où jusqu'à présent, cette plante n'était cultivée que dans une proportion limitée.

L'expérience montre que ce sont les plantes sarclées qui profitent le mieux des engrais, et cette constatation a joué un rôle déterminant pour l'appel lancé en faveur de l'augmentation de leur production. Le tableau suivant de l'évolution du rendement à l'hectare démontre l'exactitude de ce fait.

L'utilisation des engrais par l'agriculture a fortement progressé pendant ces dernières années, surtout pendant les toutes dernières. L'augmentation du rendement à l'hectare n'est pourtant pas considérable en ce qui concerne les céréales. Les récoltes de pommes de terre et de betteraves à sucre, au contraire, se sont accrues, dans une forte proportion, pendant la même période. On peut s'attendre à l'avenir à une nouvelle augmentation du rendement de la culture des plantes sarclées, du fait de la différence existant entre les exploitations placées en tête de la production et de celles qui sont au-dessous de la moyenne.

	CÉRÉALES	POMMES DE TERRE	SUCRE (VALEUR BRUTE)
1925-1929	17,8	136	45,8
1930-1933	18,9	160	51
1934-1937	19,3	164	51,4
1937	19,2	192	53,5
(Quintaux métriques à l'hectare).			
(Chiffres fournis par l'Institut pour l'Étude de la Conjoncture).			

Ce serait déjà un beau résultat si nous réussissions à faire des récoltes records de ces deux dernières années un succès annuel. Il est inutile de nous étendre plus longtemps sur l'importance décisive de ces récoltes pour le ravitaillement en fourrages. *La récolte de pommes de terre constitue en tous cas la base de notre ravitaillement en viande de porc.* Son importance détermine d'une façon absolue la mesure dans laquelle nous pouvons augmenter notre production de graisse de porc et réduire ainsi notre dépendance à l'égard de l'étranger dans le domaine des corps gras. Pour juger de la valeur de la betterave à sucre comme fourrage, il ne faut pas penser seulement à l'importance des feuilles et des coupages pour l'étable, et pour l'augmentation de la production du lait et des produits dérivés, mais tenir compte beaucoup plus de ce que la betterave à sucre, crue aussi bien qu'étuvée, ou sous forme de coupages, constitue généralement un fourrage économique et de grande valeur nutritive. Il faut donc que dans les exploitations où les conditions de sol et de climat sont favorables, la betterave à sucre soit cultivée beaucoup plus qu'elle ne le fut jusqu'à présent, au détriment de la betterave ordinaire, pour assurer un ravitaillement économique en fourrages.

2° Le second mot d'ordre lancé par le Führer des Paysans allemands au sujet de la production fourragère : *Récoltez trois fois en deux ans grâce aux cultures intercalaires* ! part du principe que l'augmentation des surfaces cultivées en fourrages n'est généralement pas possible en raison de l'espace limité dont nous disposons. Il faut utiliser par conséquent, à côté de l'élévation du rendement, les nombreuses possibilités jusqu'alors négligées, offertes par les cultures intercalaires pour l'augmentation de la production fourragère. Leur extension peut accroître d'une façon considérable l'espace consacré au ravitaillement national. Entre la récolte et les semailles des principaux produits, les champs restent généralement inutilisés pendant des mois, quoique les conditions soient encore favorables à la croissance. De précieux éléments nutritifs se perdent même pendant ce temps dans le sous-sol. Les cultures intercalaires permettent de remédier à cette situation. Elles offrent la possibilité d'obtenir deux récoltes par an, ou au moins trois récoltes tous les deux ans. Elles ne fournissent pas seulement le fourrage vert pour l'été et l'automne, mais aussi et surtout du fourrage qui, conservé dans les silos à fermentation, permet de remplacer pendant l'hiver par un aliment riche en albumine, les fourrages concentrés étrangers, dont nous ne disposons plus comme autrefois. Elles donnent enfin les premiers fourrages du printemps et permettent ainsi de réduire sensiblement l'alimentation d'hiver toujours onéreuse. Le grand développement des cultures intercalaires de fourrages réclamé par nous aura peut-être dans l'histoire de l'agriculture allemande la même importance que l'introduction de la pomme de terre en Prusse, après la guerre de Sept Ans. On mit alors pour la première fois en culture la jachère du vieil assolement triennal. Dans l'Allemagne d'aujourd'hui, nous n'avons pas comme au XVIIIe siècle, la charge de nourrir 20 millions d'habitants, dont le ravitaillement avait déjà rendu nécessaire l'abandon de la jachère, mais une population de près de 68 millions d'âmes. C'est pourquoi la « jachère » temporaire entre la récolte et les semailles des produits principaux ne doit plus rester inutilisée.

3° Le troisième mot d'ordre du Führer des Paysans allemands, *les prairies dissimulent d'immenses réserves*, souligne le fait que pendant ces cinquante dernières années, le rendement des champs s'est élevé d'environ 80 à 100 pour 100 et plus, tandis que celui des prairies et pâturages augmentait pendant la même période de 20 à 30 pour 100 au maximum. La prairie a été sans aucun doute la Cendrillon de l'agriculture allemande pendant ce dernier demi-siècle. La responsabilité en incombe avant tout au commerce libéral, à l'industrialisation et aux relations toujours plus étroites que nous entretenions avec le commerce mondial. Les fourrages concentrés arrivaient à si bas prix des régions les plus éloignées du globe qu'aucune de nos exploitations agricoles n'étaient en mesure d'organiser sa propre production fourragère. L'époque libérale avait en outre attiré l'épargne vers les villes où l'argent procurait « une rente plus élevée » que lorsqu'il était investi dans des « mises en valeur peu rémunératrices. » On a « mis en valeur » pendant des dizaines d'années les sols vierges de l'étranger avec la main-d'œuvre et l'argent européens tout en négligeant le sol national. Nous avons déjà montré dans quelle mesure cela nous a placé dans la dépendance de l'étranger, en ce qui concerne les divers produits alimentaires. L'abandon dans lequel nous avons laissé nos prairies explique l'existence des réserves de production assez considérables dont nous disposons à cet égard. Les possibilités actuelles nous permettent d'élever progressivement de 30 à 100 pour 100 le rendement des prairies. On a calculé (14) que 60 à 70 pour 100 de notre déficit en produits riches en albumine, donc de nos importations de fourrages concentrés peuvent être couverts par la seule mise en valeur des prairies. Si, à l'avenir, on utilisait par exemple 2 millions d'hectares de celles-ci comme enclos pour le fauchage, cela permettrait déjà d'obtenir une augmentation de 240.000 tonnes de la récolte des produits albumineux. Si l'on réussissait en améliorant les méthodes de fenaison à élever, ne serait-ce que de 1 pour 100 le rendement en produits albumineux de la moitié des quantités de foin récoltées, cela aurait pour conséquence un accroissement de 150.000 tonnes

---

14. — Dr Siebold, dans *Communications sur l'agriculture*, cahier 20 du 15 mai 1937.

de la production de ces produits. Selon d'autres calculs on pourrait augmenter de près de 300.000 tonnes le rendement en produits albumineux des prairies par leur défrichement suivi de nouvelles semailles. Les réserves qui se trouvent dans nos prairies sont donc très grandes comparées au déficit actuel en produits albumineux, qui atteint environ un million de tonnes.

4° Le quatrième mot d'ordre du Führer des Paysans allemands, *Élevez du bétail productif et nourrissez-le comme il faut* ! réclame de l'agriculture allemande en plus de l'augmentation de rendement obtenue par la bataille de la production, une utilisation plus attentive des produits cultivés. Cette idée doit trouver avant tout son application à l'étable. Nous avons besoin d'animaux productifs capables de fournir en échange d'un fourrage économique, de grandes quantités de lait et de beurre.

Il est facile d'engraisser des porcs en utilisant beaucoup de céréales et de farine de poisson, ou d'obtenir une production laitière importante, grâce à une consommation excessive de tourteaux. Nous l'avons fait avant la guerre, et notre élevage s'est trouvé dépendre fâcheusement de l'étranger. L'art de nourrir les animaux consiste justement à obtenir de très beaux résultats avec plus de four rage économique et moins d'aliments concentrés. L'agriculture allemande, à cet égard, est sur la bonne voie : la production laitière s'est élevée ces dernières années à environ 25 milliards de kilogs, soit une augmentation de plus de 1 milliard, quoique la consommation des tourteaux étrangers soit passée pendant la même période de 2 millions à 1 million de tonnes par an. Il faut en conclure que *l'objectif essentiel de la bataille de la production est l'augmentation de la production fourragère.*

Cette constatation n'est pas d'aujourd'hui, elle n'est pas non plus le résultat du hasard. Il était logique de chercher à augmenter d'abord dans la bataille de la production l'activité des secteurs où notre dépendance à l'égard de l'étranger est la plus grande. L'évolution libérale qui a donné naissance à la division du travail agricole dans le monde, donc à l'économie mondiale, devait selon la loi de Thünen, transférer hors du territoire allemand la production « extensive » ; ce devait être en premier lieu celle des fourrages parce qu'en raison de leurs prix inférieurs, ils procuraient les bénéfices les plus bas. Les agriculteurs des pays industriels d'Europe purent donc les abandonner les premiers. Il était plus « rentable » par exemple, pour l'économie allemande d'avant guerre, d'importer de l'orge russe à bon marché, et d'encaisser dans le pays même « le prix de l'engraissement», que d'acheter, comme le souhaitait la Russie, une quantité correspondante de porcs russes. L'économie libérale n'avait pas réussi à traduire dans les faits la nécessité d'une intensification générale de l'agriculture allemande. Elle se contenta donc de protéger les produits les plus précieux comme les céréales panifiables et les produits d'élevage. Il en résulta une indépendance relative de l'agriculture allemande dans ce domaine, mais nous avons payé cette autonomie fragile en sacrifiant toujours plus notre ravitaillement en fourrages.

Cette « sécurité » du ravitaillement du peuple allemand basée sur la division mondiale du travail, n'en était pas une comme devait le montrer la Grande Guerre. L'économie mondiale ne pouvait rester en équilibre que si subsistait la division en pays exportateurs de produits industriels et en pays exportateurs de produits agricoles. La rupture de cet « équilibre » a forcé l'Allemagne à tirer de son propre sol ce que celui-ci lui offrait. Les négligences et *les fautes de la politique libérale du passé* se font lourdement sentir dans le domaine industriel, mais aussi et surtout dans le domaine agricole. On ne peut en effet rattraper en quelques années par des mises en valeur conçues au sens large du mot, ce que l'on a perdu en un siècle : leur effet ne se fait sentir que lentement après des années, et des dizaines d'années ; il leur faut du temps pour créer ou accroître « l'antique vertu » du sol. A cela s'ajoute une autre conséquence de la négligence dont fut victime l'agriculture allemande, l'endettement et surtout celui des terres de l'Est. Chaque année, et pour de longues dizaines d'années encore, la production du sol allemand doit payer le tribut des intérêts des dettes agricoles. Au point de vue de la politique agraire, le problème de l'endettement retarde l'assainissement de l'agriculture sur la base de la ferme héréditaire et de la réglementation du marché mais ne le rend pas impossible ; au point de vue du ravitaillement par contre, l'endettement absorbe des forces énormes qui ne peuvent être mises en œuvre pour obtenir notre liberté alimentaire, et il accroît les difficultés auxquelles se heurte la bataille de la production. Enfin, si les conséquences du manque de main-d'œuvre, qui est un de nos plus sérieux soucis se font sentir avec une telle acuité,. c'est parce qu'il faut mener à bien, à côté de l'exploitation normale, des tâches supplémentaires dont l'exécution a été retardée par le libéralisme : bonifications, édifications de silos, remise à neuf ou construction d'habitations ouvrières, d'étables, de granges, etc. Le problème de la main-d'œuvre est particulièrement délicat du fait que toute intensification exige par elle-même un surcroît de travail.

L'impossibilité d'utiliser plus largement la main-d'œuvre a déjà provoqué à l'époque du « système » et avant la guerre, la désertion des campagnes. On ne peut plus aujourd'hui faire marche arrière, et d'autant moins que le secteur industriel absorbe plus de main-d'œuvre que jamais, en raison de la nécessité où nous nous trouvons d'élargir la base de notre ravitaillement en matières premières nationales.

Bien entendu, les transformations que subit l'agriculture dans la bataille de la production et les difficultés qu'elle rencontre à ce propos, sont beaucoup plus nombreuses que nous n'avons pu l'esquisser dans ces trois séries de questions. Mais il s'agissait de les aborder une fois pour toutes et de définir ainsi les limites de cette bataille. La bonne volonté de la paysannerie qui a fait ses preuves, comme le montrent les résultats obtenus, ne suffit pas à tout. C'est volontairement que les dirigeants du secteur agraire insistent toujours sur la nécessité de telle ou telle mesure, que l'on fait sans cesse appel à l'idéalisme et à la volonté de travail, sans que pourtant les possibilités de la production et les soucis de l'agriculture soient perdus de vue : la grande œuvre du Führer ne pourra être accomplie que si chaque Allemand y participe avec foi et de toutes ses forces. L'action se heurte toujours à des difficultés qui souvent paraissent insurmontables. C'est à l'homme, à sa force d'âme et à son attitude, qu'il incombe de ne pas renoncer, mais de rendre possible ce qui paraissait impossible. Seul le succès général de cet appel à la nouvelle attitude nationale-socialiste du paysan, a permis de continuer la bataille du ravitaillement et même, malgré des conditions difficiles, d'améliorer nos positions. Notre travail ne continuera a être béni que si la foi et la volonté de lutter l'emportent sur la pusillanimité.

L'agriculture allemande va donc, dans des conditions toujours plus difficiles, mais avec la même énergie, livrer une nouvelle bataille de la production pour assurer et élargir notre ravitaillement en fourrages !

(Article publié dans le *Plan de Quatre Ans*,
Cahier 1, année 1938.)

CHAPITRE III

L'ÉCONOMIE NATIONALE-SOCIALISTE

L'Allemagne nationale-socialiste a le droit en ce cinquième anniversaire de la prise du pouvoir par le Führer et son mouvement, d'être fière des immenses résultats obtenus qui ont fait de l'Allemagne de l'effondrement et de l'impuissance, une Allemagne de la force et de l'honneur. Il n'y a certes aucun domaine de la vie allemande, où le national-socialisme n'ait passé comme un orage de printemps, où il n'ait balayé ce qui était caduc et pourri, pour le remplacer par quelque chose de neuf et de meilleur et éveiller les germes d'une vie nouvelle. Mais la construction n'est pas encore achevée. Si nous faisons loyalement notre examen de conscience, en bons nationaux-socialistes, nous constaterons que dans le domaine agricole surtout, nous ne sommes, dans maints secteurs, qu'au début de notre tâche, malgré les succès éclatants qui ont permis de vaincre la misère et de donner du travail et du pain à notre peuple. Nous avons pu surmonter une crise économique importante et triompher des années de disette. Mais nous n'avons pas encore atteint le but que le national-socialisme a fixé à l'économie allemande.

Notre tâche, c'est la modification essentielle de cette économie. Nous ne sommes pas encore, au point de vue économique, sûrs de l'avenir et indépendants de l'étranger, dans la mesure où l'exige la lutte que mène le Führer pour la liberté politique et où nous le commande notre instinct de conservation en cette époque de révolution économique mondiale. Nous avons commencé à marcher vers ce but national-socialiste et déjà nous avons obtenu dans le domaine du ravitaillement en matières premières et en produits alimentaires, des résultats considérables, dont j'ai montré l'importance au point de vue agricole, dans deux longs articles (*Économie allemande*, Cahier 1, 1938 et *Le Plan de quatre ans*, 1938). Il faut pourtant nous souvenir sans cesse que notre tâche n'était pas seulement de vaincre la crise, mais de modifier notre économie dans son essence même et de l'organiser selon les principes nationaux-socialistes.

TROIS EXIGENCES FONDAMENTALES. – J'ai déjà clairement montré, au Congrès des Paysans allemands de 1934, où nous lancions l'appel à la bataille de la production, quelle révolution profonde devait subir l'économie mondiale et la nôtre avec elle. J'ai fait observer que le manque de matières premières et l'insuffisance de notre autonomie quant au ravitaillement alimentaire, était une conséquence du principe de la liberté économique et de la division du travail basée sur la notion de rentabilité. Cette division du travail est aujourd'hui détruite et il s'agit, maintenant que l'ancienne économie mondiale a fait faillite, de ramener à nous toutes les branches de la production que le fouet de la rentabilité a chassées toujours plus loin au delà de nos frontières (par exemple : la laine, le lin, le chanvre, l'exploitation des mines métallifères) ou dont il a entravé le développement.

J'ai expliqué en détail, au Congrès de 1936, où le général Göring et le Ministre du Reich Darré, m'avaient chargé d'exposer les tâches de l'agriculture dans le cadre du plan de quatre ans, comment le libéralisme a peu à peu détruit la communauté populaire et l'économie nationale, en faisant surtout du seul intérêt privé le critère moral de la valeur. J'y ai montré aussi que l'Allemagne devait se plier à nouveau aux lois d'une économie nationale plus ou moins fermée. Je demandais alors que les principes suivants s'imposent à la future économie allemande :

1. Augmentation de la production nationale ;
2. politique des stocks ;
3. attitude nouvelle de l'homme vis-à-vis de l'économie.

AUGMENTATION DE LA PRODUCTION. POLITIQUE DES STOCKS. – Le premier principe n'est plus discuté dans aucune des branches de notre économie. Le but fixé à l'ensemble de l'économie nationale par le plan de quatre ans est bien défini et il est admis par tout le monde. Tous ceux dont l'activité compose l'économie nationale ont conscience qu'il s'agit d'une façon générale, selon le mot d'ordre lancé par le Führer des Paysans allemands à l'agriculture en 1934, de « produire plus » et d'utiliser les produits obtenus avec « plus de soin. » Il n'y a plus aujourd'hui de divergence d'opinions quant à la deuxième tâche qui consiste à faire une politique méthodique des stocks. Tous les groupements économiques reconnaissent qu'elle est un moyen efficace de pallier aux inconvénients des variations saisonnières. On admet d'une façon générale qu'elle permet d'assurer une activité régulière à la production et qu'elle offre, par ailleurs, la possibilité de garantir aux consommateurs un ravitaillement continu.

Quant à la troisième exigence que j'ai formulée : la nécessité d'une attitude nouvelle de l'homme vis-à-vis de l'économie, il faut bien admettre que les esprits ne sont pas encore d'accord à ce sujet. On s'est déjà habitué dans une large mesure à dire qu'il faut sur le terrain économique aussi agir en national-socialiste, mais le type économique du national-socialiste n'est pas encore né, ni reconnu par tous, comme le sont celui du soldat-politique, ou celui de l'officier prussien.

LA FORMATION DU TYPE ÉCONOMIQUE NATIONAL-SOCIALISTE. — Nous savons par l'exemple de l'officier prussien et du soldat-politique du Führer qu'un tel type d'homme ne peut se former que par la mise de l'individu au service d'une tâche. L'organisation du parti exigeait constamment de ses membres qu'ils soient disciplinés, tiennent leur place, et fassent preuve de dévouement à nos idées, et cela seul a donné au bloc d'hommes qui suivait le Führer la force de vaincre tous les obstacles et de remporter la victoire finale. L'attitude nouvelle, sans laquelle il n'y aura pas de véritable économie nationale-socialiste, ne triomphera donc que si nous trouvons pour l'ensemble de l'économie une règle capable de donner aux hommes dans leur être le plus intime la forme qu'exige notre tâche. L'exemple de l'officier prussien et celui du soldat-politique montre qu'il est indispensable pour créer un tel type d'homme de le rattacher à un principe nouveau qui lui indique clairement la tâche à accomplir.

L'EXEMPLE DU RAVITAILLEMENT. — L'économie allemande n'est encore que partiellement organisée en fonction du but à atteindre. Le ravitaillement, qui est le seul secteur économique dont la direction soit confiée depuis 1933 à de vieux nationaux-socialistes, est aussi le seul où nous avons pu trouver une règle capable d'imposer aux hommes un comportement national-socialiste, c'est-à-dire réellement national au point de vue économique. La réglementation du marché par la Corporation Nationale de l'Alimentation englobe dans ses différentes organisations centrales tous les milieux économiques qui collaborent à l'accomplissement des tâches fixées par l'économie nationale. Nous avons réuni par exemple dans l'organisation centrale des céréales, le producteur, le commerçant, le meunier, le marchand de farines, le boulanger, etc., et nous leur avons demandé de ravitailler le peuple allemand en pain à un prix stable. Dès la naissance de cette organisation, ce devoir s'est imposé à tous ceux qui s'occupent de céréales et de pain. Ils ont admis sans exception, parce qu'ils pensaient à la tâche commune, de lui subordonner leurs intérêts particuliers. La forme de cette organisation oblige à mettre en pratique les principes nationaux-socialistes : « l'économie doit être au service du peuple » et « l'intérêt général prime l'intérêt particulier. » L'attitude nouvelle nationale-socialiste de l'individu dans l'économie naîtra de cette subordination quotidienne de l'homme au devoir fixé par le peuple.

RÉGLEMENTATION DE L'ÉCONOMIE. – Le national-socialisme doit éliminer les conséquences du libéralisme qui se sont montrées désavantageuses pour notre peuple. Nous imposons, en son nom, d'autres tâches à l'économie allemande, des tâches différentes de celles de l'avant-guerre. Mais on ne peut vouloir les accomplir en partant d'un principe et en employant des méthodes qui ont mis notre économie dans la situation fâcheuse où elle se trouve aujourd'hui. On ne peut triompher des conséquences du libéralisme en usant de méthodes libérales. Il faut au contraire, si l'on veut mener à bien les nouvelles tâches économiques, trouver un nouveau moyen qui permette d'obtenir ces résultats. Comme il est impossible que chaque membre de l'économie allemande conçoive par lui-même ce qu'il doit faire pour obéir aux devoirs qui désormais incombent à l'économie nationale, nous devons en conclure qu'il faut fixer une règle imposant à chacun sa tâche. Mais cette règle n'existe jusqu'à présent que dans le domaine du ravitaillement. Il y a un Groupement Central des Céréales, chargé de ravitailler en pain le peuple allemand, un Groupement Central du Bétail, pour son ravitaillement en viande, un Groupement Central des Maraîchers pour son ravitaillement en légumes et en fruits, et un Groupement Central des Producteurs de Pommes de terre, qui lui fournit ce légume.

LE VRAI BILAN. — Le paysan allemand peut aujourd'hui, après cinq ans de travail d'organisation, rendre compte avec fierté de son importante contribution à l'œuvre du Führer. Les résultats obtenus sont confirmés par un grand nombre de chiffres et de dates concernant l'accroissement du rendement, les améliorations, l'augmentation des frais d'exploitation, etc., qui sont à nouveau exposés aujourd'hui au peuple allemand. Cette confirmation par les chiffres a déjà été donnée ailleurs et je me suis contenté d'examiner ici, en détail, la question essentielle de l'attitude nationale-socialiste vis-à-vis des problèmes économiques. Il s'agissait en effet de montrer quelle a été la seule base possible des efforts fournis et quel est le principe qui se trouve à l'origine des succès obtenus par l'agriculture allemande. Notre explication du changement de principe est au fond le vrai bilan qu'il nous fallait établir, car on y trouve la raison de nos succès.

(Article du *Berliner Tagblatt*, 30 janvier 1938.)

Table des matières

AVANT-PROPOS 1

PREMIÈRE PARTIE
LES PRINCIPES

Chapitre I. — Les nouveaux critères 7
— II. — Le travail accompli au service du peuple 25
— III. — L'économie au service du peuple opposée
à l'économie juive 39
— IV. — Appel à l'idéalisme 53

DEUXIÈME PARTIE
LA MOBILISATION DES FORCES ÉCONOMIQUES

Chapitre I. — La paysannerie et le plan de quatre ans 65
— II. — Le rôle de la pêche 93
— III. — La lutte contre le gaspillage 97
— IV. — Un moyen d'améliorer notre ravitaillement 101
— V. — L'orientation de la consommation 105
— VI. — Le rôle de la science 112
— VII. — Politique alimentaire et propagande 120

TROISIÈME PARTIE
SUCCÈS OBTENUS ET TACHES NOUVELLES

Chapitre I. — La situation au point de vue de la politique
agraire 129
— II. — La bataille de la production : une question
de fourrages 143
— III. — L'économie nationale-socialiste 157

Etre paysan, ce n'est pas un métier mais un engagement, à l'égard du peuple tout entier, au sens le plus large du mot.

- the-savoisien.com
- pdfarchive.info
- vivaeuropa.info
- freepdf.info
- aryanalibris.com
- aldebaranvideo.tv
- histoireebook.com
- balderexlibris.com

www.ingramcontent.com/pod-product-compliance
Lightning Source LLC
LaVergne TN
LVHW091551060526
838200LV00036B/785